Carl

Lu

ttgens

Über Bedeutung und Gebrauch der Hilfsverba im frühen Altenglischen

Carl
Lu
̈
ttgens

Über Bedeutung und Gebrauch der Hilfsverba im frühen Altenglischen

ISBN/EAN: 9783743488007

Hergestellt in Europa, USA, Kanada, Australien, Japan

Cover: Foto ©Paul-Georg Meister /pixelio.de

Manufactured and distributed by brebook publishing software
(www.brebook.com)

Carl Luttgens

Über Bedeutung und Gebrauch der Hilfsverba im frühen Altenglischen

ÜBER

BEDEUTUNG UND GEBRAUCH DER HILFSVERBA

IM FRÜHEN ALTENGLISCHEN.

SCULAN UND WILLAN.

INAUGURAL-DISSERTATION

ZUR

ERLANGUNG DER PHILOSOPHISCHEN DOCTORWÜRDE

AN DER UNIVERSITÄT KIEL

VON

CARL LÜTTGENS

AUS

BARGTEHEIDE.

WISMAR.
HINSTORFF'SCHE RATHS-BUCHDRUCKEREI (L. EBERHARDT).
1888.

In dem Folgenden habe ich es mir angelegen sein lassen, die Bedeutung und den Charakter der Verba *sculan* und *willan* in der frühesten Periode der englischen Sprache und damit auch die Veranlassung zu ihrer so verschiedenartigen Verwendung klarzulegen. Es haben sich dabei mitunter erklärende Hindeutungen auf den Gebrauch der modernen Sprache ergeben, vielleicht dass schon die hier gefundenen Resultate in einzelnen Fällen zu einer ausgiebigen Erklärung leiten. In der alten Sprache finden sich manche Verwendungen, die der späteren Zeit abhanden gekommen sind, welche aber doch gerade auf andere erhaltene Functionen ein erklärendes Licht werfen.

Ein Hauptaugenmerk war auf die Bedeutung der Verba zu richten. Nicht immer mag es mir gelungen sein, alle hier vorhandenen Erscheinungen richtig zu charakterisieren, die oft in einander verschwimmenden Grenzen genau festzustellen und jeden einzelnen Fall seiner Gruppe richtig zuzuweisen. Verschiedentlich ist auch in der Arbeit auf die Mehrdeutigkeit solcher Fälle hingewiesen. Im Ganzen ist aber ein Überblick geboten über Bedeutungs- und Gebrauchsentwicklung dieser Verba. . Die scharfe und feine Unterscheidung psychologischer Momente, welche sie auszudrücken ermöglichten, wird vielfach ins Auge fallen.

In der Anordnung des vorliegenden Stoffes habe ich mich zuweilen dem Aufsatz von von Monsterberg-Münckenau „Der Infinitiv nach wellen und den Verben praeterito-praesentia in den Epen Hartmann's von der Aue" angeschlossen. Doch wird die Arbeit in ihrem Verlauf zeigen, dass der angelsächsischen Sprache manche Eigentümlichkeiten gehören, und dass ich auch in der Auffassung wesentlicher Gruppen oft andere Gesichtspunkte einhmen musste, als von Monsterberg, dem es übrigens vor allem

oblag, das Verhältnis dieser Verba zum Infinitiv festzustellen.
— Im Einzelnen haben mir die Dissertation von Ernst Weber
„Über den Gebrauch von devoir, laissier, pooir, savoir, soloir,
valoir im Altfranzösischen" und die Bemerkungen in der
Recension dieser Arbeit von Stimming (Zsch. f. r. Ph., Bd. IV.,
420—22) eine sichernde Stütze geliehen.

Texte:

Abkürzung bei Angabe der Textstellen hat stattgefunden bei den
häufiger benutzten Werken. Die vereinzelt zitierten Werke sind bei der
Anführung des ihnen entnommenen Falles deutlicher bezeichnet. —
Die Stellen poetischer Werke sind nach der Verszahl zitiert, die der
Prosalitteratur nach der vom Herausgeber gegebenen Bezeichnung; wo
eine solche nicht stattfand, ist die Seitenzahl mit hinzugefügtem o.,
m., u. (oben, mitte, unten) angegeben.

Sammelwerke:

Wülcker, kleinere angelsächsische Dichtungen, Halle 1882. Des
Sängers Weitfahrt; Kampf um Finnsburg; Des Sängers
Trost; Wanderer; Seefahrer; Klage der Frau; Botschaft
des Gemahls; Des Vaters Lehren.

    Abkürzungen: Dsp. (Denksprüche) Byrht. *(Byrhtnod's.
Fall)*, Zbs. *(Zaubersegen)*.

Grein, Bibliothek der angelsächsischen Poesie, Bd. I. und II.

    Abkürzungen: An. (Andreas), Az. (Azarias), Cr.
(Crist), Dan. (Daniel), Ex. (Exodus), Gen. (Genesis),
Gu. (Guthlac), Jud. (Judith), Jul. (Juliana), Metr. (Metra),
Phön. (Phönix), Sal. (Salomon und Saturn), Sat. (Satan),
Ps. (Psalmen), Hy. (Hymnen und Gebete).

Stücke, welche sich auch zugleich bei Wülcker befinden,
sind dort benutzt.

Sweet, Oldest English Texts. Early Engl. Text. Soc. 1885
(O. E. T.).

    Abk.: Vs. Ps. (Vespasian Psalter); Vs. Hy. (Vespasian
Hymns).

Schmid, Die Gesetze der Angelsachsen (bis Aelfred), Leipzig
1858, 2. Aufl.

    Abk.: In. (Ines cyninges asetnysse); Aelfr. dom.
(Aelfredes domas).

Einzelwerke:

Beow., Beowulf, ed. Alfred Holder, Freiburg 1884.
El., Cynewulf's Elene, ed. Zupitza, Berlin, 2. Aufl., 1883.
S. Chr., Two of the Saxon Chronicles parallel (A und E), Oxford, Clarendon Press 1865; benutzt ist das Parker Ms.

Werke Alfreds:

Bed., Historiae ecclesiasticae gentis Anglorum libri V a venerabili Beda presbytero scripti etc., ed. Abr. Whelock, Cantabrigiae 1643.
Über die hier mit aufgenommenen Schriften Aelfrics vgl. Wülcker, Grundriss zur Gesch. d. ags. Litterat. III, §§ 527, 535 u. 556.
Bo., King Alfred's Anglo-Saxon Version of Boethius, ed. Cardale, Leicester 1829.
C. P., King Alfred's West-Saxon Version of Gregory's Pastoral Care, ed. Sweet, Earl. Engl, T. S. 1871.
Or., King Alfred's Orosius, ed. Sweet, Part I, Earl. Engl. T. S. 1883.

Hinzugezogen wurden: „Die vier Evangelien in altnordhumbrischer Sprache", ed. R. W. Bouterwerk, Gütersloh 1857 (V. E.). — Die lateinischen Originaltexte der Alfredischen Übersetzungen wurden verglichen. Me. und ne. Textstellen sind ausführlicher angegeben.

Grammatische Werke und Abhandlungen, die benutzt worden sind, sind:

Aelfrics Grammatik und Glossar I, ed. Zupitza, Berlin 1880.
Sievers, Ags. Grammatik, Halle 1882.
Mätzner, Engl. Gr., 3. Aufl., Berlin 1882.
Koch, Histor. Gr. d. engl. Spr., 2. Aufl. 1878.
Grimm, Gr. d. deutsch. Spr., II u. IV., Göttingen 1837.
Hennicke, Der Conjunctiv im Altenglischen und seine Umschreibung durch modale Hilfsverba, Göttingen 1878. Diss.
Hotz, On the Use of the Subjunctive Mood in Anglo-Saxon, Diss., Zürich 1882.
Erdmann, Untersuchungen über die Syntax der Sprache Otfrids I, Halle 1874.

Weber, Über den Gebrauch von devoir laissier, pooir, savoir, soloir, voloir im Altfranzösichen, Diss., Berlin 1879. Stimming's Recension zu dieser Arbeit (Zschr. für rom. Phil., B. 4 s. 420—22).

von Monsterberg-Münckenau, Der Infinitiv nach wellen und den Verben praeterito-praesentia in den Epen Hartmann's von der Aue (Zschr. für deutsche Phil., ed. Zacher, B. XVIII, Heft 1 s. 1—56, Heft 2 s. 144—185).*)

Von etymologischen Wörterbüchern und Glossaren wurden die für das Angelsächsische bekannten benutzt. — Mehrere Arbeiten über Hilfsverben im Englischen, die meine Aufgabe nicht fördern konnten und nichts anderes, als Koch und Mätzner (a. a. O.) beibringen, lasse ich unerwähnt.

---

*) Recensirt im Literaturblatt für germ. und rom. Philologie, 8. Jahrg. Nr. 2, Februar 1887.

Inhalt.

sculan.

	Seite
sculan als Begriffsverbum	1
sculan als Hilfsverbum	
Bedeutung von sculan	
verpflichtet sein	5
finaler Zwang, subjective Abhängigkeit	9
Nötigung aus Umständen	20
sculan einem Verbum des Geschehens sich nähernd	26
Besondere Fälle von Ic sceal u. s. w.	26
Die Notwendigkeit ist gesetzt	30
Zwang des Gegensatzes	30
sculan in besonderen Verbalformen	32
Umschreibungen	
des Imperativs	34
des Conjunctivs	37
des Futurs	42
Nichtsetzung des Infinitivs bei sculan	
Ellipse	51
ein Infinitiv zu entlehnen	54

willan.

Es handelt sich um das blosse Wollen einer Thätigkeit	
Bedeutung des Hilfs- und auch des Begriffsverbums	
Wunsch und Verlangen	56
Neigung, Disposition	59
Absicht, Entschluss	60
Dringendes Streben	65
Bereitwilligkeit	66
Thatsächliches Streben	67
Es handelt sich um das Geschehen einer Thätigkeit in Folge eines	
Wollens und Disponirtseins	68
Besondere Fälle	
willan einem Verbum des Geschehens sich nähernd	71
Das Subject ist ein körperlicher Gegenstand	72
Gewohnheit	72
would ist kein Conditional	74

VIII

	Seite
willan im hypothetischen Präteritum	75
Umschreibungen	
Imperativ	76
Conjunctiv	77
Futur	79
Nichtsetzung eines Infinitivs bei willan	
Ellipse	86
Der Infinitiv ist zu entlehnen	87

sculan.

I. sculan als Begriffsverbum.

sculan bezeichnet ursprünglich ein aus einem Schuldverhältnisse hervorgehendes Verpflichtetsein (Grimm, G. d. d. Spr. II. s. 892 fgg.).

A. *sculan* ist transitiv.

Der Gegenstand der Verpflichtung ist Object zu *sculan*; die Person, welcher die Verpflichtung auferliegt, ist Subject.

1. *sculan* bedeutet „schuldig sein". Es steht mit dem Dativ der Person.

Der Gegenstand der Schuld ist in dem folgenden Falle etwas Abstractes. C. P. 57,5 *ond sona swa he to dare are cymd, swa dyned him dæt se hie him niedscylde sceolde se se hie him scalde (sed repente perveniens jure sibi hoc debitum ad quod pervenerit putat).*

2. *sculan* wird mit dem Interrogativpronomen „*hwæt*", als Object in einem directen oder indirecten Fragesatz gebraucht, um danach zu fragen, welchen Vorteil oder Nutzen das Subject zu bringen im Stande ist. *sculan* hängt in dieser Bedeutung eng zusammen mit dem Begriff „schuldig sein"; in einer Schuld besteht gleichsam ein Vorteil, ein Nutzen für diejenige Person, der gegenüber die Schuld statt hat. Gen 663. *sculan* steht hier mit dem Dativ der Person. *Hwæt scal þe swa ladlic strid wid þines hearran bedan?* Oros. 80,16 *þæt he ascade, hwæt sceolde æt swa lytlum weorode mara fultum.*

Während Grimm, Gr. IV, s. 134, bei dieser Ausdrucksweise für das Ahd. die Ellipse eines Infinitivs annimmt von der Bedeutung „helfen, frommen, nützen, dienen", Benecke im Wörterbuch zum Iwein s. 404

1

dem *soln* ein „*sin*", „*werden*" hinzugedacht wissen will, hält Lucae (Über Gebrauch und Bedeutung der mittelhochdeutschen Verba auxiliaria, Erste Abteilung Marburg 1868 s. 19) die Annahme einer Ellipse für überflüssig, da in dem *soln* schon selbst der Begriff des Nützens, Frommens u. s. w. liege. — Ernst Weber führt (a. a. O. s. 6 III.) Fälle mit *devoir* an, in denen aber nach dem Zwecke eines Geschehens gefragt wird, wie in dem deutschen „Was soll das? Einen Strauss?' (Faust.) Die Bedeutung der Beabsichtigung, des Zweckes scheint mir hier noch nicht in *sculan* zu liegen.

B. *sculan* ist intransitiv.

1. *sculan* steht mit einem Dativobject, welches das Ziel der in *sculan* ausgedrückten Verpflichtung bezeichnet.

a. *sculan* bedeutet gebühren, zukommen, sich gehören, nötig sein für.

Dsp. II 130, *Scyld sceal compan, sceaft reafere, sceal bryde beag, bec leornere, husl halgum mannum, hæpðum synne.* II 153; II 154, *Boga sceal stræle.* II 205; II 149.

b. Man kann im Zweifel sein, ob *sculan* in den folgenden, den Gesetzen Alfreds entnommenen Fällen nicht auch als ein *sculan* der Bestimmung (nach II A 2 a¹ *a*) zu nehmen ist, in der Bedeutung: „(durch das Gesetz) bestimmt sein", oder ob in der Bedeutung „als Schuld zukommen, gebühren". Das letztere Moment wird jedoch wohl die Anwendung von *sculan* hervorgerufen haben. *sculan* steht mit dem Dativ der Person, des Demonstrativpronomens *se*.

Aelfr. G. 56. *Gif se puma bid of-aslegen, pam sceal, XXX. scill. to bote. Gif se nægl bid of-aslegen, pam sculon V. scill to bote;* 60.

sculan steht mit *to pam* 100,59. *Gif se gold-finger sie of-aslegen, to pam sculon XVIII scill. to bote and his nægles IIII scill. to bote.*

c. Der Fall Dsp. II 71: *Lean sceal, gif we leogan nellad, pam pe us pas lisse geteode,* mag eher ein *sculan* der Bestimmung aufweisen. Dass hier nun die Ellipse eines Infinitivs (*weordan*) anzunehmen ist, möchte ich bezweifeln. Ebensowohl wie *sculan* heissen kann „gebühren, durch Verpflichtung nötig sein", wird man ihm auch die Bedeutung zumessen können „durch Bestimmung nötig sein." Ein gleicher mhd. Fall ist Parzival 710,7: *diu weis wol wem das fürbaz sol.*

2. *sculan* steht mit Präpositionen.

Die folgenden Fälle sind den Epistelüberschriften der „vier Evangelien in alt-nordhumbrischer Sprache" oder den „Denksprüchen" entnommen. Die Bedeutung von *sculan* in den Dsp. betreffend, äussert sich Rieger (Zacher's Zeitschrift für D. Phil. Bd. 1 s. 331 fgg.) dass, „in der Form des Gebotes gesetzmässige Erscheinungen der Natur, wie des Menschenlebens.... aufgereiht werden. Das Selbstverständliche, uns trivial vorkommende .... kann dazu dienen, das Bedeutendere, auf das es dem Dichter eigentlich ankommt, in das gleiche Licht naturnotwendiger Giltigkeit, wie sie jenem übrigen zukommt, zu stellen." Die naturnotwendige Giltigkeit erhellt nun eben sowohl aus derjenigen Bedeutung von *sculan*, die ich hier und an späteren Stellen angebe und zu erklären versuche, als aus der Bedeutung eines Gebotes. Es wäre aber geradezu falsch, ein jedes *sculan* der Dsp. als ein solches des Gebotes zu erklären. (s. u. a. II, 39; II, 187).

a. *sculan* steht mit *on* in der Bedeutung „gehören an, auf, in" u. s. w. In den vier Evangelien tritt hier neben *sculan on* auch *gebyran on* auf. V. E. s. 4. *dys Godspel sceal on Cilda Mæsse Dæg; — Dys sceal on tweelftan Æfen.* ss. 5, 6, 7, 8, 9, 11 u. s. w.; dagegen *gebyran on* s. 2: *dys Godspell gebyrad on Mydewintres Mæsseæfen.* ss. 8, 10, 13, 15, 23 u. s. w.; Dsp. I, 18 *wulf sceal on bearowe.* I, 19; I, 21 *Darod sceal on handa;* I., 25; I., 16: *Ellen sceal on corle.*

b. *sculan* steht mit *in* in der Bedeutung „gehören in, an". Dsp. II, 80 *Holen sceal in æled.* V. E. s. 34. *dys Godspel sceal in Octabas Petri et Pauli.*

c. *sculan* steht mit *to* in der Bedeutung „gehören für". V. E. s. 21 *dys Godspel sceal to Manegra Martyra Mæssedæg*, ss. 32, 46, 60, 97 u. s w.; *gebyran to* findet sich s. 22: *dys Godspel gebyrad to anes Martyes Mæssedæg.* ss. 8, 10, 159, 235, 239.

d. *sculan* steht mit *mid* zur Bezeichnung, „dass etwas zu und für einander gehört". Dsp. II 22. *Ræd sceal mid snyttro, ryht mid wisum, til sceal mid tilum.* II 61 *prym sceal mid welenco, priste mid cenum.* II, 89.

e. *sculan* steht mit *for* in der Bedeutung „sich gehören für". Dsp. II, 149. *Gryre sceal for greggum.*

f. *sculan* steht mit *wid* und bezeichnet dann, „dass zwei Dinge gegen einander gehören, sich gegenüber nötig sind". Dsp. I, 50. *God sceal wid yfele, geogod sceal wid yldo, lif sceal wid deape, leoht sceal wid pystrum, fyrd wid fyrde, fcond wid odrum.*

3. *sculan* steht mit dem Präpositionaladverb *dærwid*. Das Subject von *sculan* ist das Mittel gegen eine Krankheit, auf die das *dær* in *dærwid* hindeutet. C. P. 25,21 *gif hi nouder gecnawan ne cunnan ne da medtrymnesse ne cac da wyrta de dærwid sculon*: Bo. 346 o *de cræftas de dærwid sculon.*

4. *sculan* steht mit einer adverbialen Bestimmung in der Bedeutung „gehören".
a. V. E. 213. *dys sceal anum dæge ær Palmsunnandæge.* 229. *dys sceal twam dagum ær Palmsunnandæg; gebyran* 217: *dys Godspel gebyrad anum Dæge ær Mydfæstene;* ferner ss. 103, 196, 241, 251.

b. *sculan* steht im Hauptsatze mit den demonstrativen Adverbien *pær* und *ponne*, welche auf den Inhalt des voraufgehenden Bedingungssatzes hinweisen. Es unterliegt hier derselben Bedeutungsbestimmung, wie die Fälle 1 b.*) Aelfr. G. 54. *Gif se carm bid forad bufan elnbogan, pær sculon XV scill. to bote*, 63, 67, 72.

II. sculan als Hilfsverbum.

A. Die Bedeutung von sculan.

von Monsterberg-Münckenau äussert sich Zschr. f. d. Ph. B. 18 Hft. II s. 148 über die Bedeutung von *soln*: „Nach Grimm, G. d. d. Spr. II s. 892 fgg. bezeichnet *soln* ursprünglich ein schuldverhältnis. An diese bedeutung finden sich noch Anklänge. Dieselbe lässt sich aber zerlegen in zwei begriffliche bestandteile, insofern sie gleich ist einem von der gerechtigkeit auferlegten zwangsverhältnisse. Jener erstere, moralische teil verflüchtigt sich nun in andern fällen und es bleibt nur der begriff eines zwanges übrig, der dann leicht übergeht in die eines anlasses, einer gelegenheit, ja einer möglichkeit."

---
*) s. 2.

Dass sich nun das von von Monsterberg hier als das moralische bezeichnete Moment auch noch in Fällen äussert, in denen *sculan* in der Hauptsache die Bedeutung eines Zwanges zukommt, wird sich mehrfach erweisen. Das Moment der Pflicht scheint in der weiteren Bedeutungsentwicklung von *sculan* oft noch eine wesentliche Rolle gespielt zu haben.

sculan in Verbindung mit dem abhängigen Infinitiv hat nun nicht immer allein die Bedeutung einer blossen Nötigung*) zu der im Infinitiv genannten Handlung, sondern die Handlung ist auch häufig als in Folge einer Nötigung geschehend zu betrachten. Einzelne Gruppen werden das Letztere besonders erkennen lassen.

Es werden sich unter den hier anzuführenden Beispielen Fälle zeigen, wo man geneigt sein kann, dem *sculan* die Function futurischer Umschreibung beizumessen. In *sculan*, welches auf einen Inhalt geht, der erst zu verwirklichen ist (Mätzner Gr. II³ Erste Hälfte s. 87), äussert sich, je nach dem Zusammenhange, das in demselben ruhende futurische Moment mehr oder weniger deutlich. Es ist darüber aber der eigentliche Wortbegriff von *sculan* nicht ausser Acht zu lassen, der hier ja gerade betrachtet und nachgewiesen werden soll. Ein Gleiches möchte in Bezug auf einzelne Stellen gesagt werden, in denen man nichts weiter als blos conjunctivische oder hypothetische Umschreibung durch *sculan* zu ersehen geneigt sein könnte. In Betreff solcher Fälle wird im Einzelnen schon in diesem Abschnitt, im Ganzen in den Abschnitten C. 1 u. 2 das Nähere über Wortbegriff und umschreibende Function, die sich hier oft eng mit einander berühren, gesagt werden.

1. sculan bedeutet „verpflichtet sein".

a. *sculan* steht mit einem Verbum der Vergeltung und kommt hier wohl der Bedeutung „durch eine Schuld verpflichtet sein" am nächsten. C. P. 425,1 *Wenstu gif hwa odrum hwæt gieldan sceal (nec debitor absolutus est)*.

b. *sculan* bezeichnet die Verpflichtung einer Person gegenüber einer andern in Folge eines Verhältnisses, in welchem sie zu derselben steht. C. P. 99,13 *ond doo dæt wif dæm were*

---
*) Dieser Ausdruck ist in dem Folgenden als allgemeinere Bezeichnung der Verpflichtung, des Zwanges u. s. w. verwandt.

dæt hio him mid ryhte doon sceal (debitum reddat) — C. P. 197,9; C. P. 3,11; Bed. 478 u. *We sceolon fyligan urum heafde (Nos caput nostrum sequi debemus)* Bed. 364 m. C. P. 389,18.

c. *sculan* bezeichnet die Verpflichtung, welche darin beruht, dass sich einem Dinge (Person oder Sache) gegenüber etwas gebührt, dass ihm etwas zukommt, oder ihm gegenüber oder mit ihm etwas zu beginnen ist. C. P. 459,18 *Fordæm ge sint giet cildern on eowrum geleafan, dy ic sceal sellan eow giet mioloc drincan, nalles flæsc etan.* ib. 141,22 *se se de wilnad dæt he hæbbe da weordunga for his godan weorcum de God habban secolde æt dæm folce;* ib. 281,14 (Strafe) *hwelc wite wene we dæt se felaspræcea seyle habban de simle on oferspræce syngad?* — ib. 213,9; 289,23; 189,15; 289,20; 237,8; 239,3; 302,12; 303,17; 371,11; Bo. 30 u., ib. 296 u., 326 m. Dsp. II, 51. *Styran sceal mon strongum mode.* ib. II, 4; II, 45 II, 67; II, 115; II., 145; Sat. 551 *Forpon men sceolon mæla gehwylce secgan drihtne panc dædum and wordum.* Beow. 2056, 1798. An. 520, Cr. 381; Ps 95,4.

Fast pleonastisch gebraucht findet sich *sculan* Dan. 62 *swilce all swa pa eorlas agan secoldan:* der Sinn ist: *alles was die Ædelinge (als das ihnen rechtmässig Zukommende) zu eigen hatten.*

d. *sculan* bezeichnet die Verpflichtung, welche einer Person ihr Amt auferlegt, ihr Stand, ihre Stellung, einem Dinge überhaupt seine Bedeutung und seine Verhältnisse. — C. P. 77,13 *Fordæm he (sc. se recere) bid gesett to biscne odrum monnum, simle he sceal æticwan on his lifes gestæddignesse hu micle gesceadwisnesse he bere on his breostum (semper debet ostendere);* ib. 75,11; 13,11; 111,12; 139,10; 79,1; ib. 139,15; 73,21; 73.23; 467,20 *hwelc hierde bion sceal (qualis esse debeat Pastor),* ib. 137,11; 131,24; ib. 191,15; Bo. 90 m. *he (sc. se cyning) sceal hæbban gebedmen. dæt is eac his andweorc pæt he habban sceal to pam tolum pam prim geferscipum biwiste.* Bed. 165 m. Dsp. I, 1. Dan. 686.

d[1]. *sculan* findet sich hier in einem von einem Ausdruck der Nötigung abhängigen Beisatz. C. P. 81,6 *He (sc. se lareow) bid geniéd mid dæm folgode dæt he sceal healice sprecan (Qui enim loci necessitate exigitur summa dicere).*

d². In der schwächeren Bedeutung einer Verpflichtung „es ziemt sich, es schickt sich, es gehört sich für" findet sich *sculan* hier. Beow. 2166 *Swa sceal mæg don, nealles inwitnet odrum bregdon;* ib. 1172. Dsp. I, 14 *Geongne æpeling sceolan gode gesidas byldan to beaduwe and to beahgife.* Dsp. II, 4, 18, 63; I, 28; Wanderer 70.

d³. Besonders zu erwähnen sind auch die folgenden Fälle der Denksprüche, in denen *sculan* wohl bezeichnet, dass ein Ding seinem Wesen und seiner Bedeutung gemäss die im Inf. genannte Handlung zu verrichten hat. Es wird auch hier erklärt, was sich für ein Ding, gemäss seiner Bedeutung, „gehört", was es thun „muss".*) Die Bezeichnung „bestimmt sein" (vom Schöpfer) möchte ich hier weniger, am wenigsten die einer Anordnung seitens des Autors annehmen. — Dsp. I, 16 *ecg sceal wid hellme hilde gebidan.**) I, 1 *Hafuc sceal on glofe wilde gewunian;* I, 38 *Fugol uppe sceal lacan on lyfte;* I, 42 *peof sceal gangan pystrum wederum;* I, 43; II, 84; II, 122; I, 74; I, 27; — II, 158 *Sele sceal stondan, sylf ealdian.* — Fast erlangt sculan hier bereits die Bedeutung „seiner Natur nach mit sich bringen" und das Moment der Pflicht verliert sich. II, 25 *Beam sceal on cordan leafum lipan, leornu gnornian.* II, 24 *Sceal wif and wer in woruld cennan bearn mid gebyrdum.* III., 160 *Treo sceolon brædan and treow weaxan.* Immer liegt hier der Gedanke vor „es ist die Function eines Dinges, es ist ihm eigentümlich und macht seine Bedeutung aus".

— — —

sculan bezeichnet in den bisher angeführten Fällen eine Verpflichtung, in der eins der unter den folgenden beiden Gruppen e. und f. genannten Momente mehr oder weniger deutlich hervortritt. Dass die vorhergehenden Beispiele besonders herausgehoben wurden, geschah, weil sich dort noch deutlicher der Anklang an die ursprüngliche Bedeutung findet, indem sich die Pflicht mit bestimmten Personen, oder Dingen überhaupt, als ihrem Ziel- oder Ausgangspunkt verbindet und das Moment einer Schuld noch häufig durchblickt. Es ward auch die Klarstellung einzelner Fälle dadurch erleichtert. Es folgen jetzt in e. und f. allgemeinere:

*) Im Deutschen gebraucht man bei Erklärungen dieser Art „muss".

e. *sculan* bezeichnet eine Verpflichtung aus moralischen Gründen. Bo. 332 m. *Ne sceal nan mon siocne monnan gesargodne swencan.* Cr. 756. *Forpon we a sculon idle lustas synwunde forseon and pæs sellran gefeon.* ib. 746. C. P. 101,9; 335,21; 341,15; Bed. 343 m.; 228 o.

f. *sculan* bezeichnet, dass sich etwas schickt, eignet, geziemt, dass etwas angebracht, recht und billig ist. Ein ethisches oder ein Moment der Vernunft machen sich hier als Grund der Verpflichtung geltend. Bo. 132 *Swa swa oferdruncen man wat pæt he sceolde to his huse and to his ræste.**) ib. 166. *deah mon nu hwone godra mid rihte herige, ne sceal he na de rapor to ungemetlice fægnian pæt hi him sod on seeggad.* C. P. 397, 31 *ac deah hio (sc. sio scyld) aliefedu sie, ne sceal hi mon to ungemetlice began.* ib. 149,9; 183,3; 185,9; 415,10. Bed. 87 o. *For hwon ne sceal pæt geacnode wif gefullod beon?* (*Mulier enim prægnans cur non debeat baptizari?*) ib. 69 o., 88 m. Seef. 111. Sat. 195 *Forpon sceal gehycgan hæleda æghwylc pæt he ne abælige bearn wealdendes.* Dsp. II, 145 *Wel mon sceal wine healdan on weg gehwylcum.* Sal. 166. Metr. XX, 197. ib. XXXI, 18. Dsp. II, 125 *mæl sceolon tidum gongan* ib. II, 139; II, 104.

f¹. *sculan* findet sich auch in einem durch *pæt* eingeleiteten Beisatz, der abhängig ist von einem Verbum des Geziemens. Bed. 449 m. *micle swipor gedafenad pæt we hine on disre mæran freols tide his cadigan meder mid lofsangum ond wurpfulhim herungum wurdian sceolon.* (*Multo magis convenit illum in hac magna Beatae matris suae solemnitate . . . . celebrare.*)

g. *sculan* bezeichnet die Verpflichtung, die eine gemeinschaftliche Ordnung, eine Sitte, in einigen Fällen hier speciell ein kirchlicher Ritus auferlegen. Bed. 330 u. *hu neah dære tide wære pætte da brodru arisan sceolden ond Godes lof læran ond heora uhtsang singan* (*qua fratres ad dicendas Domino laudes nocturnas excitari deberent*). Bed. 462 u. *be pam halgan husle pe ge nu to gan sceolan.* (*quam adire hodie debemus.*) Bed. 477 o.; 170 u.; 172 m.; 356 u.; 314 o.

---

*) In Betreff der Ellipse des Inf. siehe später.

g¹. *sculan* steht in einem durch *pæt* eingeleiteten Beisatz nach *gewuna* und *peaw*.

gewuna. Bed. 226 m. *ond peah cwæp he pæt pæt wære heora gewuna, pæt da onfangenan nipan stope mynster oppe cyricean to timbrianne, pæt da sceoldon ærest mid gebedum ond mid fæstemum Drihtne gehalgian (normam disciplinae regularis didicerat ut consecrent). peaw*. Or. 21,10. *ond pæt is mid Estum peaw pæt pær sceal ælces gedeodes man beon forbærned.* — ib. 70,23 *ponne wæs heora peaw pæt sceoldon ealle hiera senatus cuman ongean heora consulas æfter pæm gefeohte.*

g². Auch in der weiteren ausführlichen Schilderung einer Sitte, in welcher ein Vorgang nach dem andern aufgezählt wird, findet sich *sculan*, doch wechselt es hier, wie auch nach *peaw* mit der finiten Form des Begriffsverbums. Or. 20,32 (Todtenbestattung) *ond sceall beon se læsta dæl nyhst pæm tune de se deada man on lid. donne sceolon beon gesamnode ealle da menn de swyftoste hors habbad on pæm lande . . . ponne ærnad hy ealle toweard pæm feo, ponne cymed . . .* Or. 21,12 (21,11 *ond pæt is mid Estum peaw, pæt pær sceal ælces gedeodes man beon forbærned); ond gyf par man an ban finded unforbærned hi hit sceolon miclum gebetan.* — Oros. 70,26 (Triumphzug) vgl. oben g¹. Or. 70,23 . . . , *gefeohte, siex mila from dære byrig mid crætwæne, mid golde ond mid gimstanum gefrætwedum ond hie sceoldon bringan feowerfetes twa hwite. ponne hie hamweard foran, ponne sceoldon hiera senatus ridan on crætwænum wid æftan pæm consulum . . . ponne hie hamweard wæron, ponne sceolde him man bringan ongean of pære byrig crætwæn . . . pæt wæs ponne triumpheum.* — Im Nhd., in der Volkssprache wird *müssen*, das überhaupt ja dem ags. *sculan* so oft entspricht, in gleicher Weise gebraucht.

2. sculan dient als Ausdruck eines Zwanges, einer Veranlassung, einer Gelegenheit.

a. Die Nötigung liegt in einem Befehl, einer Anordnung, einer Forderung, einem Verlangen, einem Beschlusse oder einer andern Willensbestimmung, auch einer Absicht (Finalsatz u. a), einem Streben, einer Behauptung, einem Dafürhalten. In allen diesen Fällen äussert sich das Moment einer **subjectiven**

Abhängigkeit, in den meisten speziell, wenn nicht in allen, eine finale Abhängigkeit. Doch nicht immer giebt *sculan* hier blos der subjectiven Abhängigkeit Ausdruck, diese und die Pflicht, in der Bedeutung des sich Verbindlichmachens und Verbürgens, scheinen zuweilen gleiches Anrecht auf *sculan* zu haben. — Die hier anzuführenden Beispiele teile ich wieder in die Gruppen a [1]. und a [2].

a [1]. Es giebt Fälle, in denen sich nicht nur die subjective Abhängigkeit der im Infinitiv bei *sculan* genannten Handlung äussert, sondern auch zugleich ein fremder Zwang dieser Abhängigkeit auf das Subject des Satzes mit *sculan*. Es sind Fälle des Befehls, der Anordnung, der Forderung, des Verlangens, des Beschliessens und der Absicht (in Drohungen, Verheissungen, Finalsatz u. a.). Das Subject des Satzes mit *sculan* ist dort eine andere Person, als diejenige, in deren Willen die Handlung des Infinitivs liegt.

Es mag hier bemerkt werden, dass sich, im Gegensatz zu *sculan*, in Fällen der Absicht (Drohung, Verheissung, Finalsatz u. a.), wie in solchen des Beschlusses, *willan* dann findet, wenn das Subject des Hilfsverbums auch diejenige Person ist, nach deren Willen die Handlung des Infinitivs zu geschehen hat. In diesem unterschiedlichen Gebrauche bekundet sich das in *sculan* ruhende Moment der Abhängigkeit, gegenüber dem in *willan* liegenden Moment der Freiheit.*) — Nur in zwei Fällen des Beschliessens tritt diesem Gebrauch entgegen *sculan* auf, und zwar im Beisatz nach Verben des Beschliessens (die Erklärung siehe s. 14 β C. P. 419,9 und Bed. 327 u.)

Anmerkung: In Fällen des Versprechens, wo trotz der Identität der wollenden Person mit dem Subject der abhängigen Handlung *sculan* vorkommt, wie auch in anderen, liegt deutlich ein Moment der Pflicht vor, welches *sculan* hervorrief (siehe die Fälle „Ic sceal" [Inhaltsverzeichniss]). Das Letztere möchte auch von einigen Fällen unter a [2]. gelten. Doch wird auch hier das Moment der subjectiven Abhängigkeit der Handlung schon *sculan* bewirkt haben können.

a [2]. Die hier zu verzeichnenden Fälle weisen *sculan* in einem Beisatze auf, der von einem Ausdruck des Wünschens, des Bestrebens, des Gedenkens, des Dafürhaltens, des Be-

*) Fälle mit *willan* siehe bei *willan*.

hauptens und des Mitteilens abhängig ist. Das Subject des Satzes mit *sculan* ist nach den Ausdrücken des Wünschens, des Bestrebens und des Gedenkens dieselbe Person, wie die wünschende u. s. w., in den übrigen Fällen meistens eine andere. Das oben angedeutete Moment der Abhängigkeit oder Unfreiheit des Subjects bei *sculan* ist hier nicht zu betonen, der Gegensatz seiner Bedeutung zu *willan* ist in diesem Punkte geschwunden. Aber dennoch ist *sculan* (nach den Ausdrücken des Wünschens u. s. w. auch da verwandt, wo das Subject bei *sculan* mit der wollenden Person identisch ist) nicht zu einem schlechthin finalen Ausdruck abgeschwächt. Dass sich hier *sculan*, und nicht etwa *willan* findet, hat seinen Grund in der grösseren Energie, mit der jenes Wort der Absicht Ausdruck verleiht. Kam es hierauf nicht an, so wurde *willan* gebraucht.
— In andern Fällen tritt Bedeutung der Pflicht wie der subjectiven Abhängigkeit in *sculan* zugleich auf.

a[1]. Auch auf das Subject des Satzes mit *sculan* macht sich, mehr oder weniger stark, ein Zwang subjectiver Abhängigkeit geltend. Der Zwang geht von einer andern Person aus, als dem Subject des Satzes mit *sculan*. — Das ursprüngliche Moment einer Verpflichtung in *sculan* mag hier noch mitspielen, insofern als es auszudrücken im Stande wäre, dass das Subject zu der befohlenen, verlangten (u. s. w.) Handlung durch den Willen der befehlenden (u. s. w.) Person verpflichtet wird.

α. *sculan* dient als Ausdruck eines Befehls, einer Anordnung, eines Auftrages, einer Forderung, eines Verlangens.
aa. Der Befehl u. s. w. geschieht in directer Rede
αα. seitens der beabsichtigenden Person.
sculan steht in der 2. Ps. Sg. Der Indicativ des Präsens von *sculan* wechselt häufig mit dem Imperativ des Begriffsverbs.
— Gen. 2310 *pu sceali halgian hired pinre: sete sigores tacn sod on gehwilcne wæpnedcynnes*. — ib. 2851 *pu sceali Isaac me onsecgan sunu pinne sylf to tibre*. Gen. 2855, 2317, 509; And. 1210 *Sceali pu Andreas ellen fremman! ne mid pu for menigo, ah pinne modsefan stadola wid strangum!* ib. 945; 174, 216, 220. Jul. 347, 456, 317; El. 673. — Ein Verlangen, eine Bitte macht sich besonders deutlich geltend Ps. 118,14 *pu me fultumian sceali, fæle gestandan andfenga æghwær æt pearfe*

2*

and ic on pin word wel getre .we. — 3. Ps. Sg. Gen. 2317. *Sceal monna gehwilc pære cneorisse cildisc wesan wæpnedcynnes, pæs pe on woruld cymd, ymb seofon niht sigores tacne geagnodme.* — 3. Ps. Pl. Gen. 2325 *pu scealt sunu agan, bearn be bryde pinre, pone sculon burhsittendra ealle Isaac hatan.* Anm. In der 3. Ps. ist die Bezeichnung des Befehls durch den jussiven Conjunctiv häufig. Vgl. Hotz a. a. O. s. 12. In den Beispielen, welche Hotz (s. 17 unter h) beibringt, hat *sculan* einen ganz andern finalen Sinn als den jussivischen. (Cr. 1579, 681, 766; Metr. 27,31; 16,5; 22,5; Ps. 144,3.) In Betreff der dort angeführten Stellen In. 64, 65 und 66 siehe beim Imperativ. (Inhaltsverzeichnis.) *sculan* steht auch im Nebensatz der directen Rede. 2. Ps. Sg. Gen. 1303; Gen. 1330. *and feora fæsl, pe pu ferian scealt geond deop wæter,* Aelfr. dom. Einl. 11 *pis synt pa domas pe pu him settan scealt.*

ββ. Der Befehl wird durch eine andere Person, als die beabsichtigende, an ihrer Statt, erteilt. 2. Ps. Sg. And. 1522 *purh his halige hæs pu scealt hrædc cydan, gif pu his ondgitan ænige hæbbe!* Gen. 509 *Swa pu læstan scealt, pæt on pis land his bodan bringad.*

bb. *sculan* steht im Beisatz nach Ausdrücken, welche die Bedeutung des Befehls, der Anordnung, auch des Verlangens haben, oder auch (ebenfalls zur Bezeichnung des Befehls) nach Verben der Aussage und anderen. — Der Befehl ist hier zum Teil als geschehend, und zwar immer als in der Vergangenheit geschehend, in indirecter Rede, zum Teil als bereits geschehen · hingestellt. *bebeodan.* Bed. 371 o. *ond bebead his læce pæt he sceolde eac swylce hælan ond lacnian pa hreofe his heafdes (præcepit medico etiam . . . . curam adhibere).* ib. 175 o. *hæfde beboden, pæt he sceolde.* — ib. 135 u. — C. P. 83,22; 85,4; 93,3. And. 1699. Gen. 801. Sal. 464. Bi M. Mod. 38. *forbeodan.* C. P. 213,25 *ac forbæd him dæt hit ne sceolde sua weordan. bebod.* Bed. 303 m. *oper bebod fram pam Apostolican Papan onfeng, pæt he pæt sceolde geomlice gewitan ond geleornian, hevylces geleafan Angelcynnes cynice wære. beodan.* C. P. 125,8. *cwedan.* C. P. 63,23 *Bi don cwæd sio uplice stemn to Moyse, dæt he sceolde beodan Arone dæt* ib. 95,2; 383,13; 219,9; *oncwedan.* Dan. 213 *and geocre oncwæd, pæt hi gegnunga gyldan sceolde odde prowigean . . . hatan.* Bed. 191 o. *ond gehet dæt mynstres*

Mæsse Preost to hire pæt he sceolde mid hi gan to dam untruman men (et evocans presbyterum rogavit secum venire ad patientem). secgan. Or. 126,30 *ond sæde hu he him on his gewill beforan pam folce ondwyrdan sceolde pæs he hiene ascade. awritan.* C. P. 79,2 *Be dam is awriten dæt mon sceolde writan on dæm hrægle de Aron bær on his brestum, ... da lare ond da domas. biddan.* Bed. 283 m. *We biddad pingunga æt halgum mannum pæt hi sceolon us pingian to heora Drihtne (Rogamus ut intercederent).* — Nicht hierher zu rechnen, sondern wohl eher unter 2 $a^1 \gamma$ anzuführen ist der folgende Fall: Bed. 241 u. *ond of inneweardre heortan wæs biddende pæt he da gyta sweltan ne sceolde* (nach Gottes Willen und Ratschluss).

Dass sich nach *beodan, biddan* und anderen Verben dieser Art zur Bezeichnung des Befehls u. s. w. der Conjunctiv des Wunsches findet, weist Hotz a. a. O. s. 30 nach.

cc. *sculan* bezeichnet die im Infinitiv genannte Handlung als befohlen, vorgeschrieben, als aufgetragen und verlangt. — C. P. 77,11 *ac hio sciolde beon gebunden mid dære ilcan race.* ib. 281,13; 85,2; 81,24; 281,13. Jul. 462 *pæt ic nyde sceal nida gebæded mod meldian, swa pu me beodest, preaned polian.* Sat. 112 *ac ic sceal on flyge and on flyhte pragum carda neosan.* El. 982. Guthl. 692. Dan. 96. Metr. XIV, 4. And. 1405 *pær ic dryhtnes æ deman sceal.* Guthl. 312. Gen. 1344. Bed. 313 u.

dd. Hier nenne ich auch Fälle, in denen *sculan* in einem Beisatze nach Ausdrücken des Lehrens, Ermahnens, Unterweisens und anderen steht. Nach Ausdrücken dieser Art macht sich in *sculan* oft sehr deutlich ein Moment der Pflicht geltend; es liegt ja auch meistens in der Absicht der unterweisenden Person, dass einer Pflicht Folge geleistet werde. Um so gewagter ist es, hier eine einseitige Bestimmung zwischen finaler Abhängigkeit und Pflicht zu treffen. C. P. 97,13 *da he manode his cneoht dæt he sceolde standan on dære lare (cum discipulum de instantia praedicationis admoneret).* ib. 220,6 *pa he us lærde dæt we sceoldon urra selfra waldan mid dære gedylde.* ib. 311,12. Byrdn. 311; ib. 19. C. P. 405,25 *ond him getæhte hwæt hi on dæm don sceolden, hwæt ne scolden.* Bed. 96 m. *secgan.* C. P. 139,12 *cwedan.* ib. 357,3. Sat. 54. Bed. 54 m.

da sealdon hi him bysne monige hu hi him wæpen wyrcean sceoldan. Bed. 179 m. C. P. 99,11 *ond gestihtode hu men scoldon dærinne hit macian.* In den zuletzt genannten Fällen Bed. 54 m., 179 m. C. P. 99,11 ist die Bedeutung der Pflicht (sich gehören, geziemen) sehr klar zu ersehen. Andere Fälle, in denen nach einem der genannten Ausdrücke ein *sculan* der Pflicht steht, wurden genannt s. 8 u. fgg. — —

In den bisher genannten Beispielen macht sich im Ganzen das Moment einer Anforderung geltend, welche die verlangende Person an eine andere stellt. In der Sphäre der letzteren liegt dann die auszuführende Handlung. In den nun folgenden Fällen äussert sich der Wille dagegen in der Weise, dass die wollende, beabsichtigende Person die Handlung zu ihrer eignen Angelegenheit machen will, indem stets die Andeutung vorliegt, dass sie selbst die Sorge für die weitere Ausführung der beabsichtigten Handlung zu übernehmen, wenn dieselbe auch nicht gerade auszuführen, so doch zu bewirken hat. Ein Zwang auf das Subject des Satzes mit *sculan* tritt dann besonders deutlich hervor, wenn dasselbe eine Person ist. Auch die folgende Gruppe wird hierher zu rechnen sein:

β. *sculan* giebt der in einem Beschlusse oder in einer Vereinbarung enthaltenen Willensbestimmung Ausdruck. Es findet sich hier im Beisatz nach Ausdrücken des Beschliessens. Bed. 437 u. *wæs on synope geseted ond gedemed þæt sud Seaxna mægd sceolde habban agenne Biscop.* ib. 255 o. *ond hwæpere dis betwyh heom aræddon þæt he se Abbad his ladteow beon sceolde on Bretone (Hunc offerens Adrianus Pontifici, ut Episcopus ordinaretur, obtinuit).* Jul. 611. O. E. T. s. 178,18 *asetton, dæt da wildan hors scealden iornan . . . .* — Hier erwähne ich auch einen Fall, wo bei Identität des Subjects des Nebensatzes mit dem des Hauptsatzes *sculan* nach einem Verbum des Beschliessens steht. Der Beschluss einer eignen Handlung ist auch ein Zwang für die beschliessende Person und so steht *sculan* und nicht *willan*: C. P. 419,9 *da he getiohchod æfde, dæt he him ondettan sceolde.* In der Mitte zwischen diesem Fall und den obigen steht Bed. 327 u. *þær wæs blisse intinga gedemed þæt hi ealle sceoldan . . . be harpan singan.*

γ. *sculan* bezeichnet allgemein eine Willensbestimmung, die sich zu der Bedeutung einer blossen Absicht abschwächen kann.

Die beabsichtigende Person hat in Betreff eines Dinges oder mit einem Dinge die im Infinitiv genannte Handlung im Sinne.

aa. Eine Person äussert ihre Absicht. *sculan* steht in directer Rede. Es ist zu beachten, dass *sculan* in den anzuführenden Stellen in gehobener Rede auftritt, die ein Moment des Versicherns enthält. Dadurch berühren sich diese Beispiele mit denjenigen in δ. Guthl. 229 *Her sceal min wesan cordlic edel!* — ib. 275; Beow. 2804 *Hatad headomære hlæw gewyrcean, beorhtne æfter bæle æt brimes nosan: se scel to gemyndum minum leodum heah hlifian on Hrones næsse.* ib. 3010, 3014, 3114. Byrht. 220; 252 *ac me sceal wæpen niman, ord and iren.* ib. 54, 59, 60. — Weniger eine Versicherung enthält O. E. T. s. 149 Caedmon's Hymn: *Nu scylun hergan hefænrices ward . . . . were wuldurfadur (were* wahrscheinlich Plural; siehe Sweets Glossar ib. s. 530).

bb. *sculan* findet sich nach dem Verbum der Absicht *willan* im abhängigen Beisatz. Bo. 12 o. *Hwy pu la Dryhten æfre woldest pæt se wyrd swa hwyrfan sceolde?* Metr. IV, 33; XI, 16; XXI, 34: *Nele se waldend pæt forweordan scylen sawla usse, ac he hi selfa wile leoman onlihtan.* Die wollende Person ist hier überall Gott.

cc. *sculan* bezeichnet die im abhängigen Infinitiv genannte Handlung überhaupt als bestimmt, gewollt, beabsichtigt. Cr. 1030. *Sceal ponne anra gehwyle fore Cristes cyme cwic arisan . . .* Beow. 41. *him on bearme læg madma mænigo pa him mid scoldon on flodes æht feor gewitan.* Beow. 1855. Metr. XXII, 42 *gif hit growan sceal (wenn es wachsen soll).* Gen. 4,79; Gen. 365. Cr. 783. Gen. 295. Bed. 299 m. *ond hine bæd, gif da cnihtas æninga ofslagene beon sceoldan, pæt he him alyfde . . .* Metr. IV, 17. XI, 36. Fat. Ap. 35. Cr. 15. C. P. 303,14. Bed. 303,14, 388 u.

cc¹. Ein besonderer hier anzuführender Fall ist der der Schicksals-Bestimmung. Beow. 2526 *a unc sceal weordan æt wealle swa unc wyrd geteod metod manna gehwæs.* Hier ist Gott die bestimmende Person. So vielleicht auch Beow. 455 *Gæd a Wyrd swa hio scel!* — In den übrigen Beispielen wird das Schicksal selbst oder die dasselbe leitende Gottheit als die bestimmende Person zu betrachten sein. B. 64 u. *nu cwepap oft stunte men pæt hi bi gewyrde libban sceolon.* Dsp. II, 173

Earm biþ se þe sceal ana lifgan wineleas wunian hafaþ him Wyrd getcod. Red. d. S. 43 *syddan ic þe on worulde wunian sceolde.* Wand. 3. Byrht. 105. Ferner gehören hierher die Stellen in Bi. Manna Wyrdum v. 12 und fgg.

dd. *sculan* steht zur Bezeichnung der Absicht im Finalsatz. Die Beispiele lassen ersehen, dass im Finalsatz mit *sculan* stets die Thätigkeit einer andern Person beabsichtigt ist. Die Beabsichtigung einer eignen Thätigkeit wird im Finalsatz häufig durch *willan* ausgedrückt. C. P. 293,4 *Sumu treowu he watrode to dam dæt hie dy swidur sceolden weaxan.* ib. 385,2; 327,14; 103,14. Bed. 390 o. *ond him befæsted wæs to don þæt ic sceolde æghwæper bec ge sang leornian (legendi quidem canendique studiis traditus.)* ib. 53 m. 74 o. 80 o. 57 u. 113 m. 246 u. 401 u. 303 o. 373 o. And. 734. Gen. 1842.

δ. *sculan* steht zur Bezeichnung eines Versprechens, einer Verheissung oder einer Drohung. Hier äussert sich oft recht deutlich das Moment der Pflicht, eines Verbürgens der zukünftigen Handlung seitens der beabsichtigenden Person.

aa. Das Versprechen u. s. w. geschieht in directer Rede.

αα. Gott spricht. Versprechen und Verheissung. Gen. 1299 *þu scealt frid habban mid sunum þinum.* ib. 1752; 1763; 198 *inc sceal sealt wæter wunian on gewealde and eall worulde gesceaft.* ib. 2210; 2353. Dan. 114; 317. — Drohung. Gen. 906; 909 *þu scealt greot etan þine lifdagas.* Gen. 919, 932, 937, 1013, 2633. Cr. 1514, 1524, 621, 624, 626.

ββ. Eine andere Person an Gottes statt. — Drohung (Guthlac spricht) Guthl.: 586 *ac ge deade sceolon weallende wean wope besingan.* ib. 607. — Bi. M. Mod. 54.

γγ. Eine andere Person als Gott spricht eine eigne Absicht aus. Geloben, Versprechen. Gen. 1902 (Abraham gelobt) *ne sceolon unc betweonam teonan weaxan, wroht wridian.* Gen. 2526. *þu scealt þære bene nu þu ymb burh sprycst tida weordan: teng recne to þam fæstenne.* C. P. 429,23. Ps. 68,7. — Drohung. Gen. 2250 (Sarah hedroht Hagar) *unarlice (sc. Agar) þæt agan sceal, gif mot forþe mine wealdan, Abraham leofa!* Jul. 195. Guthl. 554.

bb. *sculan* steht im Beisatz nach Ausdrücken der Versicherung oder der Aussage überhaupt, in indirecter Rede wie auch in Fällen, wo das Versprechen oder die Drohung als

bereits geschehen hingestellt ist. — Verheissung, Versprechen:
Dan. 325. *þu him þæt gehete purh hleodor cwyde, þæt þu heora
fromcyn in fyrndagum ican wolde,* .... *þæt pus his unrim a
in wintra worn wurdan sceolde* (Zugleich ein gutes Beispiel für
den unterschiedlichen Gebrauch von *sculan* und *willan*), C. P.
381,2. And. 758. Gen. 2203 *ic þe wære nu, mago Ebreo,
mine selle, þæt sceal fromcynne folde þine sid lang manig geseted wurdan.* — Drohung Guthl. 206 *swide geheton, þæt he
deada gedal dreogan sceolde.* Beda 224 u. C. P. 329,8.
Gen. 1594.
cc. *sculan* bezeichnet die im Inf. genannte Handlung als
versprochen u. s. w. Versprechen. Sat. 37 *Hwær com engla
prym, þa we on heofnum habban sceoldon?* Cr. 1581. Ex. 422.
Cr. 204. Drohung. Cr. 1034. *ic awyrged sceal, þeoden; of
gesyhde þinre hweorfan.*
Anmerkung. Es ist hier wohl der Ort, auf Fälle mit
sculan hinzuweisen, welche als Prophezeiungen aufzufassen sind.
Ausser dass *sculan* ein futurisches Moment enthält, eignet es sich
auch sehr wohl als Ausdruck einer Prophezeiung, weil es in
jeder seiner Bedeutungen im Stande ist, auf die Notwendigkeit
und somit auch auf ein sicheres Eintreten der zukünftigen Handlung hinzudeuten. Als den Grund dieser Notwendigkeit ersieht
Mätzner für das Ne. und Me. eine Bestimmung (II [3]). Brinkmann hält die Prophezeiung für einen Ausspruch Gottes oder
des Schicksals. In den folgenden Fällen handelt es sich ohne
Zweifel um eine bestimmende Absicht.
1. *sculan* steht nach Ausdrücken des Prophezeiens und der
Aussage. Dan. 114 *Weard him on slæpe sod gecyded, þætte
rices gehwæs rede sceolde gelimpan, eordan dreamas ende
wurdan.* C. P. 29,11 *ac he* (sc. *se sealmscop*) *witgode swa
swa hit geweordan sceolde.* Cr. 196 *sægdon, þæt sceolde.* Cri.
298 *cydan.*
2. Andere Fälle. Gen. 2389 *sceal seo wyrd swapeah
fordsteallian, swa ic þe æt frymde gehet.* ib. 2283. Beow. 588.
Es werden für die folgenden Fälle andere Momente, als die
der Bestimmung geltend zu machen sein: Beow. 1707 *du sealt
to frofre weorpan eal lang-twidig leodum þinum* (nach der Ansicht des Redenden, sowie in Folge besonderer Umstände.)
Beow. 3020 *Forþon sceall gar wesan monig morgen-ceald,*

mundum bewunden, hæfen on handa, nalles hearpan sweg wigend weccean (die Nötigung liegt in der adverbialen Bestimmung „*forpon*").

Zuletzt seien noch Fälle erwähnt, in denen es sich bereits um das beabsichtigte thatsächliche Ergebnis eines von der beabsichtigenden Person ausgehenden Zwanges handelt. Metr. IX, 45 *call pæt Nerone nede odde lustum, headorinca gehwile heran sceolde.* Dan. 153. *se wæs ordfruma earmre lafe pære pe pam hædenan hyran sceolde.* Beow. 1261 *se-pe wæter-egesan wunian scolde, cealde streamas, sidan Cain weard to ecg-banan.* — Sat. 120 *Forpon ic sceal . . . nænigne dream agan uppe mid ænglum . . .* ib. 48. Gen. 188, 406. And. 634.

a². *sculan* bezeichnet nur noch die subjective Abhängigkeit der im Infinitiv genannten Handlung. Es weist hier, im Nebensatz nach Worten des Wünschens u. a. stehend, gleichsam noch einmal auf den nur subjectiven Wert der Handlung hin, der ja schon in dem regierenden Ausdruck angedeutet ist. Zu beachten ist, dass sich in *sculan* auch andere, zuweilen sehr wohl wahrzunehmende Momente geltend zu machen scheinen.

α. *sculan* steht nach Ausdrücken des Wunsches und des Bestrebens im abhängigen Beisatz. Das Subject des Hauptsatzes ist dieselbe Person, wie die des Nebensatzes. *sculan* scheint hier insbesondere dem in einem Wunsche und in einem Bestreben liegenden Drang des Gefühls Ausdruck zu geben. C. P. 241,2 *hie wilniad dæt hie scylen hie beladian sua georne . . ,* ib. 57,7; Bo. 96 m. *pe ge nu willniap swipe ungemetlice pæt ge scylon eowerne naman ofer tobrædan . . .* ib. 98 m. *deah nu hwele mon ungemetlice ond ungedafenlice wilnige pæt he scile his hlisan tobrædan ofer ealle eorpan,* ib. 108 o. *deah ge nu wenen ond wilnian pæt ge lange libban scylan her on worulde.* C. P. 141,14 *sio wilnung dæt he scyle monnum licigean.* Guthl. 636. *Wendun ge and woldun widerhycgende pæt ge scyppende sceoldan gelice wesan in wuldre.* C. P. 237,7 *Fordæmde hie simle swincad on dæm dæt hie tieligead dæt hie ne sculen leasunge secgan.* Bo. 8 o.

β. *sculan* steht im Beisatz nach *dencan*, welches die Bedeutung gedenken, beabsichtigen hat. C. P. 55,19 *he dened on dam oferbrædelse his modes dæt he sciele monig god weorc dæron wyrcan.* — ib. 393,25. Bed. 262 u. *da pa Godes geleafa weox ond hat wæs, da pohte he pæt he sceolde worulde wipsacan (Qui cum crescente fidei fervore seculo abrenunciare disponeret).*

γ. *sculan* findet sich in einem Objectsatz, der abhängig ist von einem Verbum des Dafürhaltens und der Meinung. Es weist nachdrücklich darauf hin, dass der Inhalt des Nebensatzes in subjectiver Abhängigkeit (von einer Meinung) steht. C. P. 433,29 *Fordæm he gesihd da gearwe de he wende dæt he sceolde ungearwe findan.* Bed. 428 m. *ond me duhte ond gesewen wæs pæt he heora ealdor beon sceolde.* Bo. T. C. X *ond seo orsorhnes ond da sælpa pe he ær wende pæt gesælpa beon sceoldon.* Or. 166,30 *Ac hit weard purh pa ameldad pe he gepoht hæfde pæt him to pære dæde fylstan sceolde.* ib. 200,10. C. P. 302,3 *ond tiohchiad dæt dæt scyle bion for eadmettum (et tamen tacere se aestimant ex humilitate),* ein Bspl. welches vielleicht auch unter β zu rechnen ist.

δ. Nach einem Verbum des Behauptens tritt neben der subjectiven (auch wohl noch finalen) Abhängigkeit des Inhalts des Nebensatzes ein Moment des Verbürgens in *sculan* hervor.

αα. Es wird eine Ansicht über eine geschehene Thatsache behauptet. C. P. 91,8. *da donne de sio godcundde stefn dreade ond ewæd dæt hie scolden leasunga witgian (Quos divinus sermo falsa videre redarguit).*

bb. Es wird das (gegenwärtige oder zukünftige) Statthaben oder Vorhandensein einer Thatsache behauptet. Bed. 495 m. *ond he ahefp hine sylfne ofer ealle pa pe hæpene men ewædon pæt godas beon sceoldan (deos esse dixerint).* Bed. 196 m. *Sume gedwolmen ewædon pæt seo halige Maria Cristes modor ond sume opre halgan sceolon hergian æfter dam dome da synfuldan of pam deofle ælc his dæl.*

cc. Die Aeusserung erhält mehr den Charakter der Mitteilung einer bereits geschehenen oder bestehenden Thatsache. Bo. 252 m. *Ic wat pæt pu gehẹrdest oft reccan on ealdum leasum spellum, pætte Job, Saturnes sunu sceolde beon se hehsta God ofer opre Godas and he sceolde bion dæs heofenes sunu and sceolde ricsian on heofenum and sceoldon gigantes bion eorpan sunu, and pa sceoldon ricsian ofer corpan and pa sceoldan hi beon swilce hy wæron geswyftæna bearn, forpæm pe he sceolde beon heofones sunu and hi corpan* ... Bo. 302 o. *ongunnon lease men wyrcan spell and sædon pæt hio sciolde mid hire drycræft pa men forbædan and weorpan hi an wilde deora lic and siddan slean on pa raccentan and on cospas. Sume hi sædon pæt hio sceolde forsceoppan to leon and donne seo sceolde spreccan ponne rynde hio* ... ib. 366 u. *pæt men cwepap be sumum pingum pæt hit scyle weas gebyrian.* Metr. 26,73 *pa ongunnon wercan werpeoda spell, sædon pæt hio sceolde mid hire scinlace beornas forbredan and mid balocræftum wradum weorpan on wildra lic cyninges pegnas.*

In den Beispielen bb. und cc. erscheinen dem Autor die Thatsachen, welche er als mitgeteilt und erzählt hinstellt, als unglaubwürdig oder geradezu erlogen. Diesem Gedanken mag *sculan* hier noch besonders Rechnung tragen, indem es eben nachdrücklich auf die subjective Abhängigkeit verweist. Es findet sich ähnlich nach einem Ausdruck des Vorwandes C. P. 55,19 *On dæm hiewe de he sceolde his gielpes stieran on dæm he his striend.*

dd. In der weiter geführten Mitteilung des Falles Bo. 252 m. (siehe cc.) findet sich *sculan* nun auch formell unabhängig von einem Verbum der Mitteilung. Hier heisst es weiter: ... *corpan. da sceolde pam gigantan ofpincan, pæt he hæfde hiera rica. Woldon pa tobrecan done heofon under him.* da *sceolde he seudan dunras.* — ib. 260 u. *da sædon hi dæt dæs hearperes wif sceolde acwelan and hire sawle mon sceolde lædon to helle. da sceolde se hearpere weorpan swa sarige pæt* ...

b. Der Zwang u. s. w. liegt in Umständen.

Hier besonders macht sich in *sculan* die Abschwächung der Bedeutung eines Zwanges zu der einer Veranlassung, einer Gelegenheit geltend, welche sich aus Umständen der verschiedensten Art ergeben. Der Zwang u. s. w. liegt

α. in der Beschaffenheit des Subjects. C. P. 255,3 *Ac hwele wite sceal us donne to hefig dyncean dære godcundan dreaunga?* ib. 407,32. — Guthl. 955 *Wast pu, freadryhten, hu peos adle scyle ende gesettan?* Bo. 52 m. Das Subject ist zuweilen von einem appositionellen Ausdruck begleitet, der den Grund der Nötigung angiebt. Seef. 29. *Nu ic werig oft in brimlade bidan sceolde.* Cr. 172.

β. in der Beschaffenheit eines Objects, eines Genitivobjectes: Or. 218,20 *Ƿe sceal eac niede para monegena gewinna geswigian pe on eastlondum gewurdon. His me sceal apreotan.* C. P. 157,20 eines Dativobjectes. Beow. 2884 *Nu sceal sinc-pego ond sweord-gifu eall edel-wyn eowrum cynne lufen alicgean.* Bo. 176 o. C. P. 185,8 eines Accusativobjectes. Metr. XXVI, 82 *ponne hi sares hwæt siofian scioldon* C. P. 173,1. Jul. 711. Sal. u. Sat. 361 *ac he hine adreogan sceal.*

γ. in einem adverbialen Ausdruck, welcher häufig erst im Zusammenhang seine nähere Erklärung findet; in einem lokalen Or. 19,4 *ealle da hwile he sceal seglian be lande*; ib. 172,19; 286,20. Cr. 863 *pæt we oncnawan magun ofer ceoles bord, hwær we sælan sceolon sundhengestas, ealde ydmearas ancrum fæste.* Gen. 2274. Sat. 30. Bo. 182 u.; in einem temporalen. Bo. 272 m. *du scealt ærest ongitan pæt pa godan habbap symle anweald* (zuerst, als Erstes, ist es notwendig, dass du begreifst). Gen. 406. Oros. 62,9. Gen. 1777. C. P. 233,7; in einem modalen C. P. 253,10 *dæt hie donne her on worulde doligen earfedu dæm timum de hie dyrfen, swa swa mon sceal on eldiode;* ib. 35,7; 445,11. Andr. 1246; hier in der Frage Guthl. 337 *Hu sceal mine cuman gæst to geoce, nemne ic gode sylle hyrsumne hige?* Bo. 16 m., 18 u., 332 m.; in einem instrumentalen C. P. 341,17 *dæt dæt hie ofer dæt habbad de hie hiora gitsunga mid gestillan sculon.* Fat. Ap. 79 *ædele sceoldon purh wæpenhete weorc prowigan.* Bed. 310 o.; 164 u. Gen. 631; in einem causalen Ps. 64,2 *for pe sceal ælc flæsc ford sidian;* sonst immer in der Frage C. P. 261,19 *Forhwy donne sceal ænigum menn dyncan to rede odde to uniede dæt he Godes swingellan gedafige for his yfelum dædum? (Cur itaque asperum creditur ut a Deo homo toleret flagella pro malis?)* C. P. 307,15 *Ac hwy sceal ænigum menn donne dyncean . . .* Bo. 308 u. *Hwi ne sceolde me swa dincan?* ib. 62 o. *Hwi ne sceolde me lician fæger land?* ib. 60; T. C. XIV. — Es ist darauf aufmerksam zu machen, dass das hier in den Fragen verwandte *sculan* nicht etwa als ein *sculan* der Bestimmung aufzufassen ist. Mätzner führt (Gr. II³ Erst. T. s. 90) ausser einer Reihe neuenglischer Beispiele, die mir nicht alle zutreffend zu sein scheinen, das ags. Exodus cap. 15 v. 24 an: *Hwæt sceolon we drincan?* für den besonderen Fall an, dass der Fragende in Ratlosigkeit über eine zukünftige Thätigkeit eine Bestimmung verlangt. Dergleichen Fällen bin ich nicht begegnet*); in den oben angeführten ist das Motiv des Sollens, welches verlangt wird, von der dort angegebenen Art.

δ. Der Zwang u. s. w. liegt in einem andern Satze (als dem mit *sculan*). — Das Moment der Nötigung gelangt hier zuweilen durch ein Adverb von der Bedeutung „notwendig" zu verstärktem Ausdruck.

aa. Der Zwang liegt in einem übergeordneten Satz, *sculan* findet sich

αα. in einem conjunctionalen Consecutivsatz C. P. 197,6. *Ac gif hie hwæt swa healicra yfela on him ongieten pæt hie hit niede sprecan scylen.* — ib. 297,18. Bed. 370 u. *swa geboren of his moder hrife pæt hine his yldran beran sceoldan ond hegan ne mihte.* Bo. 382 m. Beow. 2918; 2974.

ββ. in einem von einem Verbum der Nötigung abhängigen Beisatz. Bed. 219 u. *Forþon seo feawes nydde Mæsse Preosta pæt an Biscep beon sceolde ofer tu folc. (Paucitas enim sacerdotum cogebat unum antistitem duobus populis praefici.)* ib. 231 u. *þa þa hine se deap nydde on pæm ytemestan dæge his lifes pæt he of pam lichoman faran sceolde.* — ib. 194 u.

bb. Der Zwang u. s. w. liegt in einem Nebensatze. *sculan* findet sich im Hauptsatze. Die Nötigung liegt

αα. in einem Causalsatz. C. P. 279,5 *fordæm hit ær nolde behealdan wið unnyt word, hit sceal donne niedinga afeallan for dæm slide.* Or. 17,7. Bed. 402 u. Wald. 25.

ββ. in einem Bedingungssatz; in einem conjunctionalen C. P. 341,19. Bo. 214 o. *gif þu ponne gelefst pæt hit swa sie on Gode, donne scealt þu nede gelefan pæt sum anweald sie mara donne his* ib. 28 m.; 144 u. Run. 2; in einem

---
*) Wenn nicht Bo. 196 u. *Hwæt sculon we nu don to pam pæt . . ..* welches Cardale allerdings „What ought we to do", — übersetzt. Im Lateinischen steht: „Quid nunc faciendum censes," — so auch Bo. 192 o.

relativen Bo. 54 u. *Se pe wille fæst hus timbrian, ne sceall he hit no settan upon pone hehstan cnol.* Bestimmt der Relativsatz das Wesen des Subjects im Hauptsatz näher, so berührt sich *sculan* mit demjenigen in b, α (s. 20). Bo. 172 u.; 430 u.; Bo. C.T. 31. *Hu se sceal fela nearanessa gepolian, pe pæs lichoman lustas forlætan sceal.* — In anderen Fällen, sowohl bei conjunctionalen wie relativen Bedingungssätzen, spielt ein Moment der Verpflichtung mit. Bo. 56 o. *Ac se pe wille habban pa ecan gesælpa, he sceal fleon pone frecnan wlite pises middan eardes.* Metr. V, 26; VII, 30; XIV, 4; Ps. 85, 9. Beda 173 u. (*debet*).

γγ. in einem Finalsatz. Bo. 20 u. *Ac ic hie sceal ærest gepinnian pæt ic siddan py ep mæge pæt sope leoht on pe gebringan.* ib. 268 u. Cri. 1691. Metr. XXIII, 7. Menol. 68. Ein Moment der Pflicht weisen zugleich auf: C. P. 183,18; ib. 47,36.

δδ. in einem Objectsatz C. P. 73,20 *ond eac hwelc se bid de him ondrædan sceal dæt he unmedome sie.*

cc. Die Nötigung liegt in einem gleichgeordneten Satze. C. P. 308,4; Jul. 114 *he pa brydlyfan secal to oderre æht gestealdum idese secan: nafad he ænige her.* Bo. 144. R. d. S. 102. — Ein Moment der Pflicht tritt zugleich hervor C. P. 181,20. ib. 231,13. Bed. 309 u.

ε. Der Zwang u. s. w. liegt im Zusammenhange; der Grund der Nötigung ist erst im weiteren Hergang der Erzählung u. s. w. zu ersehen. Beow. 1855 *Hafast pu gefered, pæt pam folcum sceal Geata leodum and Gar - Denum sib gemæne and sacu restan.* ib. 819 *scolde Grendel ponan feorh - seoc under fenhleodu secean wyn - leas wic.* Gen. 1894 *ac sceoldon arfæste pa rincas py rumor secan ellor edelseld.* Beow. 251; ib. 2255. ib. 2442 *sceolde hwædre swa - peah ædeling unwrecen ealdres lintan.*

Anmerkung: Für Heyne's Erklärung (Beovulf, 4. Aufl., s. 228) welcher in dem zuletzt genannten Falle Beow. 2442 „den leisen Nebensinn einer Schicksals-Bestimmung" findet, möchten vielleicht eher folgende, nicht von ihm angeführte Stellen passen, in denen *sculan* sich aber auch sehr wohl aus dem Zusammenhang erklären lässt. Beow. 1464, 2627; vor Allem 977 und 2341: *Sceolde læn-daga æpeling ær god ende gebidan, worulde lifes, ond se wyrm somod, peah-de hord-welan heolde lange.*

ε¹. Im Besonderen ist hier die Situation, in welcher sich das Subject befindet, ein Zwang zu seiner Handlung. Klg. d. Fr. 25 *Sceal ic feor geneah mines fela leofan fæhđu dreogan!* ib. 52. Gen. 2274. Wids. 121. Wand. 55. Botsch. d. G. 40.

ε². Einmal findet sich *sculan* in einem Bedingungssatze, in welchem es sich nicht um die blosse Nötigung zu der im Infinitiv genannten Thatsache handelt, sondern um das ernötigte Geschehen der Thatsache selbst, weil die Handlung des Hauptsatzes nur von dem wirklichen Stattfinden jener Thatsache abhängig gemacht werden kann. *sculan* bezeichnet dann, dass die Handlung des Nebensatzes durch einen Umstand, den der Zusammenhang eben erkennen lässt (in der Annahme natürlich) herbeigeführt sei; es nähert sich in seiner Function derjenigen eines Verbums des Geschehens, indem es noch besonders darauf hinweist, dass es zu der im Infinitiv genannten Handlung kommt, dass sie eintritt. (Inwiefern sein Gebrauch als hypothetische Umschreibung zu betrachten ist, siehe B. 1.) C. P. 397,22 *Fordæm dætte da de gestondan ne meahton, gif hi afeollan sceolden, dæt hi afeollen on dæt hnesce bæd dæs gesinscipes* (dass diejenigen, welche nicht zu stehen vermochten, wenn es [durch ihr Unvermögen] dahin käme, wenn der Fall einträte, dass sie fielen, dass sie dann auf das weiche Bett der Ehe fielen).

ζ. Die durch *sculan* ausgedrückte Nötigung ist eine Fügung von Umständen, die auch im weiteren Zusammenhang nicht mehr bezeichnet sind.

Der veranlassende Umstand ist allgemein als derjenige bekannt, welcher die durch *sculan* als ernötigt bezeichnete Handlung herbeiführt. In den folgenden Fällen wird das Sterben als ein Zwang bezeichnet. Es wird hier jedoch das Sterben nicht selbst genannt, sondern in poetischer Umschreibung eine auf dasselbe folgende, je nach heidnischer oder christlicher Anschauung von den Göttern, Schicksal u. s. w. oder von Gott bestimmte Handlung. Als äussere Veranlassung und zwingender Anstoss war Bed. 231 u. der Tod selbst genannt (s. 22 in ββ). So auch wohl in den folgenden Stellen. Beow. 1004 *ac gesecan sceal sawlberendra gehwa nyde genyded nipda bearna grund-buendra gearwe stowe.* Seef. 74 *ær he on weg scyle.* Beow. 3177 *ponne he forđ scile of lic-haman læne weordan.* —

Ich bin kaum geneigt, hier in *sculan* etwa eine Schicksalsbestimmung zu sehen, sondern eher eine Fügung der Umstände, die ihre Wirkung durch den Tod geltend machen. In den folgenden Fällen scheint mir jedoch eine Bestimmung nicht ausgeschlossen zu sein. Beow. 1179 *ponne pu ford scyle metodsceaft seon!* Gen. 1222. *Hæfde frod hæle pa he from sceolde niddum hweorfan nigonhund wintra and hund scofontig.* Bed. 262 u. *da com his tid pæt he sceolde of middancard to Drihtne faran.* — Sehr in Zweifel kann man sein über Bed. 197 o. *gif he wiste hwænne he geendian sceolde (quando esset moriendum).* Mehr als eine Nötigung aus der Beschaffenheit des Subjects selbst sind wohl folgende Fälle anzusehen: Bed. 211 u. *ond he wende pæt he sweltan sceolde ond dead drowian.* Bed. 283 o.; ib. 200 u.

η. Eine Fügung der Umstände überhaupt zeigt *sculan* wohl in folgenden Fällen an: Bo. 178 o. *Forpam pu scealt habban simle hwæt wiperweardes ond ungeteses.* (*Der Gang der Dinge, der Lauf der Welt, führt es notwendig mit sich und als einen Zwang für dich herbei, dass . . .*) Metr. XI, 50. *ac hit is selliere pæt hiora ænigne mæg butan odrum bion, ac sceal wuhta gehwile widerweardes hwæthwugu habban under heofonum.*

Vielleicht ist in dem genannten, wie in dem folgenden Beispiel die Bezeichnung einer Naturnotwendigkeit durch *sculan* zu ersehen. XIII, 79 Metr. *Nis nu ofer cordan ænegu gesceaft pe ne hwearfige swa swa hweol ded on hire selfre hie sceal eft don pæt hio ær dyde.*

Ein *sculan* der Absicht eher, als ein solches, welches auf die Fügung der Dinge hindeutet, wird dagegen wohl in den folgenden Stellen des Boethius statt haben: Bo. 376 o. *forpam we gehcrap hwilum seegan pæt hit scyle eall swa gewyrpan swa God æt fruman getiohhod hæfde.* Es ist bemerkenswert, dass Cardale übersetzt: *that every thing must so come . . . .*, also auch weit mehr eine Nötigung als etwa eine futurische Umschreibung im Auge hat. Bo. 336 o. *Se forepone is sio godcunde gesceadwisnes, sio is fæst on pam hean sceoppende pe eall forewat hu hit geweorpan sceal, ær ær hit geweorpe.* ib. 380 o. *ac ic nat hwæper hit eall gewyrpan sceal unawendedlice pæt he wat and getiohhod hæfp.*

c. *sculan* findet sich verwandt, ohne dass der Wortsinn des Verbums noch recht ersichtlich wäre. Die letzte Spur desselben scheint vielmehr geschwunden zu sein. Die Function jedoch, welche sich in dem Beispiel C. P. **397,22** (s. 24 ε [2]) herausstellte, dass *sculan* auf das wirkliche Eintreten der Handlung (dort noch in Folge eines aus dem Zusammenhange zu ersehenden Umstandes zu geschehend) hindeutete, hat sich hier dahin entwickelt, dass es mit grösserem Nachdruck auf das Statthaben der Handlung überhaupt hinweist. Dieser Eigenschaft, das Geschehen der Handlung mit grösserem Nachdruck anzudeuten, ist *sculan* wohl fähig vermöge seiner Bedeutung des Zwanges, indem die dieser Bedeutung eigene Kraft noch fortwirkt. Im Conditional- und Concessivsatz kommt dieser verstärkende Ausdruck der Sprache wohl zu statten. (Weiteres siehe B. 1.) Or. 218,7 *Ac hit wæs Godes gifu pæt ealle pa legon, pe hit don sceoldon, op hit self ofereode.* Metr. XXV, 72 *ponne hæfde he nane scylde peah he oferwunnen weordan sceolde.*
— Die vorstehenden Beispiele werden im Stande sein, die angedeutete Function von *sculan* darzulegen und zu zeigen, dass es sich bei dieser Verwendung nicht um eine blosse Umschreibung eines Tempus oder Modus handelt, sondern dass sich eben auch ein mit der Bedeutung von *sculan* zusammenhängender Gedanke geltend macht. — Auch Hennicke weist (a. a. O. s. 14) darauf hin, dass noch heutzutage, in seinen Beispielen speciell in der Umschreibung des hypothetischen Conj. Prät., die eigentliche Wortbedeutung von *shall* fühlbar wird.

d. *Ic sceal* und andere Fälle, in denen sich, während überhaupt eine Absicht des Subjectes *Ic* u. s. w. vorliegt, in *sculan* eine andere Nötigung äussert.

In diesen Fällen giebt 1) eine Person mit dem Nennen einer eignen Nötigung, meistens einer Verpflichtung, auch zu erkennen, dass sie dieser von ihr genannten Nötigung nachzukommen beabsichtigt, oder sie drückt auch 2) mit *Ic sceal* aus, dass sie sich selbst zu einer von ihr gewollten Handlung verpflichtet und das Geschehen derselben somit verbürgt und sichert. — Nur so kommt ein *Ic sceal* im Ganzen einem *Ic wille* gleich.

α. *sculan* findet sich in einer versichernden Aussage, einem Versprechen.

aa. Das Versprechen geschieht in directer Rede. — 1. Ps. Sg.; Grein übersetzt *ic sceal* hier stets mit *ich will*. Es liegt in den folgenden Fällen wohl bereits das Moment einer Verpflichtung vor, welches der Zusammenhang auch erkennen zu lassen scheint. Wenn man nicht geneigt wäre, einzelne Fälle nach 1) zu rechnen, so werden sie, wie auch andere in den unten folgenden Gruppen, doch stets nach 2) zu erklären sein. Beow. 384 *ic þæm godan sceal for his mod-præce madmas beodan.* ib. 1706. *Ic þe sceal mine gelæstan freode, swa wit furdum spræcon.* Cr. 1672. *Nu þu most feran þider þu fundadest longe and gelome: ic þec lædan sceal.* Guthl. 572 *ic gepafian sceal æghwær ealles his anne dom' and him geornlice giestgemyndum wille wideferh wesan underpyded.* — Es liegt eine Nötigung nach 2, b, δ, cc (s. 23) vor, zugleich äussert sich auch das Moment einer Verbindlichkeit. Sal. u. Sat. 328. *Ne sceal ic þe hwædre, brodor abelgan, þu eart swiþe bittres cynnes corre cormestrynde.*

bb. Die Versicherung geschieht in indirecter Rede. Die hier anzuführenden Fälle scheinen mir zu 2) zu gehören. Bed. 37 u.: *ond cwæþ þæt he sylf sceolde þa sweeran wita onfon þe he on þam preoste gemynte gif he mihte hine gefon.* C. P. 193,8. *donne he gebint hine selfne to him mid his wordum ðæt he sceal niede da giemenne ymb done habban de he ær ne dorfte.* Hier steht *sculan* zugleich nach einem Verbum des Verpflichtens.

β. *sculan* steht in gehobener Rede. Das Ausserordentliche und Bedeutende der vorzunehmenden Handlung gelangt hier zu nachdrucksvollerem Ausdruck und der Ausspruch gewinnt an Gewissheit.

aa. Die Äusserung einer Absicht geschieht in directer Rede. 1. Ps. Sg.; Grein übersetzt hier überall mit *wollen*. Man könnte hier eine Nötigung in Folge eines bereits gefassten und zur Ausführung zu bringenden Planes annehmen und so nach 1) erklären, aber auch zu 2) passen die folgenden Fälle. Beow. 424 *ond nu wid Grendel sceal fon wid fonde ond ymb feorh sacan lad wid ladum.* Beow. 635. *Ic gefremman sceal corlic ellen odde ende dæg on þisse meodu healle minne gebiddan.* ib. 601.

Ac [*ic*] *him Geata sceal eafod ond ellen ungeara nu gude gebeodan!* — 1. Ps. Pl. Beow. 683. *ac wit on niht sculon seege ofersittan, gif he gesecean dear wig of wæpen.* (Grein übersetzt hier *werden*.)

bb. *sculan* findet sich einmal in der 2. Ps. Sg. in der directen Frage. Cr. 166. Maria fragt: *Nu pu freode scealt fæste gedælan, aletan lufan mine?* (Grein *willst*.) Joseph hat, nachdem er wegen Maria's Schwangerschaft verhöhnt worden ist, den Plan gefasst, sie zu verlassen. Dieser Entschluss ist ferner auch schwerwiegend für Maria, er enthält für sie des Unangenehmen und gleichsam einen Zwang auf ihr Gefühl. So sind auch hier wohl noch andere Momente der Nötigung, als ein solches der reinen Absicht (der Beabsichtigung einer eignen Handlung) vorhanden.

γ. *sculan* ist in Fällen gebraucht, wo das Subject in dringender Sprache etwas begehrt. And. 341. *Nu pu scolfa meaht sid userne gehyran hygepancol: ic sceal hradt cunnan, hwæt pu us to dugudum gedon wille.* Grein übersetzt sogar *Ich möchte*. Es ist hier indess die Nötigung aus Umständen (der Begehrende will abreisen und muss das Begehrte daher schnell erfahren) nicht zu verkennen. — Gen. 2724. *Wuna mid usic and pe wic geceos on pissum landum, pær pe leofost sie, edelstowe: pe ic agan sceal! Wes us fæle freond! we pe feoh syllad!* (Grein: *Ich will*.) Entsprechender wäre wohl: *Ich muss dich haben (mein Inneres drängt darauf hin)*, oder auch: *meine Lage lässt es als erforderlich und wünschenswert erscheinen*.

δ. Fälle, in denen ein Autor (in der 1. Ps. Sg. oder Pl.) durch *sculan* darauf hinweist, dass er zu einer Mitteilung genötigt ist und damit ausspricht, dass sie geschehen soll. Man könnte geneigt sein, in diesem *sculan* nur eine blosse Absicht ausgedrückt zu finden, indess treten andere Momente hervor, die allgemein unter den Gesichtspunkt fallen, dass der Autor seinen Stoff angemessen und zweckmässig zu behandeln hat. *Willan* findet sich dagegen zur Bezeichnung einer blossen Absicht*) — Bo. 260 o. *We sculon get of ealdum leasum spellum de sum bispell reccan* (*oportere*) Beow. 2069; Beowulf,

---

*) Siehe willan I C. Hilfsverbum b. (Besondere Fälle).

welcher mündlich berichtet: *Ic sceal forð sprecan ger ymbe Grendel þæt þu geare cunne sinces brytta (Ich muss und will) auch noch von Grendel sprechen, damit du ganz erfahrest ...*) Or. 42,1 *Ic wat geare, cwæð Orosius, þæt ic his sceal her fela oferhebban ond þa spell þe ic secge ic hi sceal gescyrtan (At ego nunc cogor fateri me .... breviare).* ib. 110,13 *Ic sceal hwædre eft gewendan þæt ic hwelcne hugu dæl gesecge Alexandres dæda.**) Bed. 361 o. *ac þyssum urum stære we sculon an to atycéan de us gelamp nu nipan (commodum duximus)* ib. 439 o. *Be disses Biscepes lifes stealle foreweardum we sculan feawum wordum gemynegian (quae sunt gesta memoremus).* Hier würde Grein vielleicht, durch das Lateinische bestimmt, „*lasst uns*" übersetzt haben, wie er Andr. 1489 mit dieser Wendung übersetzt: *Hwædre git secolon lytlum sticcum leoðworda dæl furður reccan!* (Hier schliesst der Autor die Zuhörer allerdings wohl mit ein, doch ist das Moment der Nötigung auch hier erkenntlich). *Ic sceal* mag sich zuweilen zwar zu einer nur noch formellen Bezeichnung der Ankündigung eines Autors abgeschwächt haben: Or. 86,13 *Nu we eft sculon, cwæð Orosius hwierfan near Roma.* ib. 62,9 *Giet sceal ic, monigfealdlecor sprecan wiþ þa ....*, doch ist auch in solchen Stellen noch ein Moment der Nötigung zu finden, wie deutlich in den folgenden wo *Ic sceal* dem Futurum *conabor* mit nachfolgendem Infinitiv gegenübersteht. Bo. 120 m. *Ac ic sceal be sumere bisene sume alienesse þære wisan þe getæcan (atque informare conabor***)* ib. 326 m.

e. Es giebt einzelne Fälle, in denen eine bestimmte Art der Nötigung kaum zu ersehen ist und auch nicht in Betracht kommt.

α. *sculan* findet sich nach einem Verbum der Nötigung im abhängigen Beisatz. Bed. 62 u. *Næs he genedd þæt he sceolde Godes bebod tobrecan (Homo minime coactus praecepta Dei violavit).*

---

*) Lenz (Syntact. Gebr. d. Partikel „ge" bei Alfred, Heidelb. Diss. 1886) übersetzt: ich muss mich wieder dazu wenden, dass ...

**) Cardale übersetzt auch hier „Imust", obgleich in „conabor" deutlich ein Wille ausgesprochen liegt.

β. Die Notwendigkeit, Veranlassung u. s. w. ist überhaupt als eine solche gesetzt in bedingenden Sätzen. Der Inhalt des Hauptsatzes ist hier auf die blosse Nötigung bezogen (vgl. dagegen s. 24 ε[2]). C. P. 3,12 *ond hu we hie nu sceoldon utc begietan gif we hie habban sceoldon.* Metr. XXVI,84. *ongunnon ladlice yrrenga rynan, ponne hi* [a] *sceoldon clipian for cordre.* Dsp. II, 176. *betre him wære, pæt he bropor ahte, . . . gif hi sceoldan cofor onginnan oppe begen beran.*

f. In den folgenden Fällen bezeichnet *sculan* auch wohl einen Zwang, der darin zu liegen scheint, dass einer Person (nicht immer dem Subjecte zu *sculan*) die im Infinitiv genannte Handlung oder der Inhalt des Satzes mit *sculan* ein Zwang ist, welcher speciell auf ihr Gefühl, auf ihre Ansicht u. s. w. gerichtet ist. Auch das Unrechte und Unrichtige (siehe β), im Gegensatz stehend zu dem Rechten und Richtigen, wird als ein Zwang auf dieses aufgefasst, was auch durch *sculan* zum Ausdruck gelangt.

α. *sculan* findet sich in einem Nebensatz, gegen dessen Inhalt im Hauptsatz eine Missbilligung, ein abweisendes Urteil, überhaupt ein Widerspruch ausgedrückt wird.

sarian C. P. 153,10 *He sarette dætte da synfullan sceoldon bytlan on uppon his hrycge. forseon* Bo. 148 *da forseah se Catulus hine for pi he pær on sittan sceolde.* (Cato's Missbilligung, dass der reiche Nonius sich in einer Sänfte tragen liess). *hreowsian* C. P. 199,18 *ond swide swidlice hreowsade dæt he him æfre swa ungeriesenlice gedenigan sceolde. gescomian* Or. 296,17 *Nu giet eow Romane mæg gescomian, cwæd Orosius, pæt ge swa heanlic gepoht sceoldon on eow geniman.* Bo. 20 o. *ac pæt wæs swipe micel pleoh pæt du swa wenan sceoldest. ondrædan* Bed. 339 m. *ondrædde for dinre arwurpnesse pæt pu sceoldest to swype gedrefed beon.* Bo. 40 u. *ond eac pæt pæt he ponne gesællice brycþ he ondræd pæt he scyle forletan.* Bed. 336 m. *ond him ondred pæt he for dære stranglice witnad beon sceolde fram dam dearkwisan deman.* — Ein *sculan* der Absicht möchte ich in dem hier verwandten weniger erkennen.

In einigen der voraufgehenden Beispiele zeigte sich ein Gegensatz der Handlung des Nebensatzes zum Guten,

Schicklichen und Richtigen. Dies tritt noch mehr in folgenden Fällen hervor:
Bed. 374 o. *Swipe unwislice ond ungelæredlice ge dydon pæt ge sceoldan on feower nihte monan blod lætan.* Bed. 87 m. *Swype dyslic is pæt sceolde dære godcundan gyfe widerweden beon.* ib. 212 m. *Ac pæt is swipe dyslic ond swipe micel synn pæt mon pæs wenan sceole be Gode.* ib. 374 m. *Ne puhte hit me nauht rihtlic ne eac gerisenlice, gif him sceolden peowe men penigan. gedafenian* (in der Verneinung) Bed. 139 *pæt pæt nænig ding ne gedafenade swa ædelum cyninge ond swa gepungenum pæt he sceolde his freond pone betstan on nyde gesettum on gold bebycgean* (*quia nulla ratione conveniat tanto Regi amicum suum . . . auro vendere*).

β. Es wird zugleich die als besser und richtiger erkannte Thatsache der zu beanstandenden entgegengestellt. Bed. 74 o. *ond pohtan pæt him wisliere ond gehyldre wære pæt hi ma ham cyrdan ponne hi pa callreordan peode ond pa repan ond pa ungeleafsuman gesecan sceoldan* (*redire domum potius quam barbarum ferum, incredulamque gentem adire cogitabant*). Bed. 176 m. *da duhte him nyttre ond betere pæt he dær Godes word bodade ond lærde ponne he fyrr on Breotone feran sceolde.*

In allen diesen Fällen nur das nachdrucksvollere Hinstellen der Handlung zu erblicken (s. 24) oder etwa ein Moment der Pflicht (des Geziemens u. s. w.) hier ausgedrückt zu finden, möchte ich nicht für richtig halten. Das Moment des Gegensatzes, des Zwanges äussert sich hier in der That sehr deutlich. An eine conjunctivische Umschreibung wird noch weniger zu denken sein.

Anmerkung: Brinkmann führt a. a. O. s. 611—618 unpersönliche Ausdrücke und Verba der Gemütsbewegung an, nach welchen im abhängigen Beisatz „shall" gebraucht ist. Während das „shall" dieser Fälle zum Teil in der hier angegebenen Weise verwandt ist, ist ein solches wie nach „it is reasonable" zu 1 s. 5 fgg., nach „was of consequence" zu ξ s 24 zu rechnen. Die Erklärung, welche Brinkmann sucht, dass hier der Conjunctiv vertreten würde (wenn der Conjunctiv nötig ist, steht „shall" selbst im Conj.) in Fällen wo eine Notwendigkeit, blosse Möglichkeit, Ungewissheit oder ein Affect durch einen Conjunctiv auszudrücken ist, schafft keine Klarheit.

B. sculan in besonderen Verbalformen.

1. Mätzner weist Gr. II³ Erste Hälfte s. 97 auf den Gebrauch des Praeteritum Indic. oder 'Conj. im hypothetischen Satzgefüge hin. Es steht, wenn von einer Thätigkeit die Rede ist, die selbst der Gegenwart oder der Zukunft angehört, die aber als bedingt und nicht verwirklicht ausgesprochen wird. *sculan* findet sich bereits, wie im Ne. *shall*, in demselben Gebrauche, doch ist die eigentliche Bedeutung oder eine aus ihr sich ergebende Function dieses Verbums rheistens noch fühlbar. Deutlich als Bezeichnung des Zwanges findet es sich im Hauptsatze stehend: C. P. 3,12 *ond hu we hie nu sceoldon ute begietan, gif we hie habban sceoldon.* Bo. 32 u. *Hu mihtest þu sittan on middum gemænum rice, pæt þu ne sceoldest pæt ilce gepolian pæt odre men?* (im Consecutivsatz s. 22 *aα*). Bo. 36 o. *Ne mæg ic næfre gepencean, gif he swelc wære, and pæt eall hæfde, hwonon him ænig unrotnes cuman sceolde* (durch *hwonon* oder auch durch *gepencean* hervorgerufen). — Im Hauptsatz nach einem Bedingungssatz auch Metr. XXIX, 87. *Gif he swa gestæddig ne stadolade calla gesceafta æghwylc hiora wrade tostencte weordan sceolden* (vgl. s. 22 *ββ*).

1a. In C. P. 397,22 und Beow. 1034 tritt *sculan* in der s. 26 besprochenen Function auf, für welche es sich im hypothetischen Satzgefüge gerade ausserordentlich eignet, da hier doch mit einigem Nachdruck das nur angenommene Stattfinden der Handlung betont wird. Beow. 1034 *pæt him fela lafe freene ne meahton scurheard sceddan, ponne scyldfreca ongean gramum gangan sceolde.* Das Gleiche ist von dem *sculan* des Concessivsatzes Metr. XXV, 72 (s. 26) zu sagen. In diesen Fällen kann man in der That von einer blossen Verwendung von *sculan* zur hypothetischen Umschreibung sprechen. Derselben nähert es sich auch, wenn der Wortsinn des Verbums neben dem hypothetischen Gedanken in seiner Abschwächung kaum noch zur Geltung kommt. Beow. 281 *Ic pæs Hrodgar mæg purh rumne sefan ræd gebæran, hu he frod ond god feond ofersweyded, gyf him edwenden æfre scolde bealuwe bisigu* (Fügung der Dinge). Auch auf diese Weise mag *sculan*, im hypothetischen Praeteritum gebraucht, zur blossen Umschreibung desselben gelangt sein.

2. *sculan* findet sich im sonst präsentischen Satzgefüge im Präteritum, demjenigen, welches der Irrealität der Handlung Ausdruck giebt, wenn bezeichnet werden soll

, a) dass die Handlung des Infinitivs dem gegenüber, dass sie ausbleibt, ernötigt ist, — wenn

b) ausgedrückt werden soll, dass die Handlung dem gegenüber, dass sie stattfindet, nicht ernötigt ist (durch verneintes *sculan*), — oder wenn

c) gesagt werden soll, dass die Handlung statt einer andern geschehenden und im Gegensatz zu ihr stehenden ernötigt ist. — Es findet sich in allen anzuführenden Fällen ein *sculan* der Pflicht.

a) C. P. 89,14 *Ne healde ge mid swelcum eorneste da heorde swelce hirdas scoldon.* ib. 127,16 *dæt he ne mæge durhteon his niehstum dæt he him utan don scolde* (*aut solis interioribus occupatus quae foris debet proximis non impendat*). ib. 37,18; 302,14.

b) C. P. 302,13 *dæt hie da tælad ond dreatigad de hie dreatian ne sceoldon* (*istos ad increpanda quae non debent*).

c) C. P. 129,10 *swa eac donne de biscep begæd da deninga de ordlican deman sceoldon.* ib. 449,5; 173,1. Bo. C. T. 30 *donne fægniap hi pæs pe hi sceamian sceolde.* C. P. 165,15; 135,5; 365,10; 143,10; 431,27; 165,21.

3. Wenn eine aus Pflicht ernötigte Handlung lebhaft erwünscht wird, so ist zur Bezeichnung dessen das Präteritum von *sculan* im Conjunctiv des Wunsches angewandt, welches wie in 2) das Nicht-Dasein der Handlung anzeigt. Durch die Anwendung des Präteritums sowohl wie des Conjunctivs gelangt der Wunsch selbst zu verstärktem Ausdruck. — Beow. 2708 *swylce sceolde secg wesan pegn æt pearfe.* ib. 1329. Bo. 98 u. *for di sceolde ælc mon beon on dam wel gehealden pæt he on his agenum earde licode.* Beispiele, in' denen in *sculan* nur ein Wunsch vorläge, habe ich nicht gefunden. Doch würden sie sehr wohl möglich sein.

C. sculan zur Umschreibung dienend.*)

1. sculan umschreibt einen Modus.

a. *sculan* umschreibt den Imperativ.

α. Eine wirkliche Umschreibung des Imperativs hat durch *sculan* nur dann statt, wenn die in *sculan* liegende Forderung lediglich auf dem Willen des Redenden, oder derjenigen Person, an deren Statt jemand redet, beruht. Die Fälle A 2 a^1 *α*, aa, ss 11 u. 12 entsprechen diesen Anforderungen. Überall findet *sculan* sich hier im Indicativ des Präsens. Einen Imperativ konnte es nicht bilden (vgl. Grimm Gr. IV, 85). Im Besonderen mache ich darauf aufmerksam, dass durch *sculan* auch im Nebensatz der directen Rede ein Imperativ ausgedrückt ist (siehe s. 12 o.).

Die 3. Ps., für welche die Befehlsform der jussive Conjunctiv ist, erhält durch *sculan* auch den umschriebenen Imperativ (s. 12 o.).

Man darf vielleicht auch von einer Beibehaltung des Imperativs in der indirecten Rede sprechen, welche *sculan* ermöglicht (s. 12 *ββ*).

β. Es giebt nun eine Reihe von Fällen mit *sculan*, in denen nicht zu verkennen ist, dass die abhängige Handlung von einem Willen gewünscht, ja gefordert wird, in denen sich indess ein anderes Moment der Nötigung, das der Pflicht, eben so sehr geltend macht, welches denn auch gerade die Anwendung von *sculan* hervorgerufen zu haben scheint. Weil in diesen Fällen mit der Erwähnung der Pflicht auch zugleich die Forderung verbunden ist, dass die verpflichtete Person der Nötigung nachkomme, so erhält *sculan* imperativische Bedeutung.

aa. *sculan* steht in der 2. Ps. des Ind. Präs. C. P. 203,22 *Nesculon ge beon to wise æfter dæs lichoman luste* (*Non multi sapientes secundum carnem*). C. P. 357,7 *Ne scule ge wid hine gelæran swa swa wid feond, ac ge him sculon cidan swa swa breder* (*Et nolite ut inimicum existimare illum sed corripite ut fratrem*). C. P. 306,7 *Ne sculon ge no dyncan eow selfum to wise* (*Nolite prudentes esse apud vosmet ipsos*). Bed. 86 o. *ac du hi scealt lipelice monian ond him ætywan dinra godra*

---

*) Auf die Umschreibung des hypothetischen Präteritums ist s. 32 hingewiesen.

worca. In den Beispielen C. P. 357,7 und 306,7 steht dem *ne sculon ge* ein lateinisches *nolite* gegenüber. C. P. 461,1 ist *nolite* mit dem Imperativ wieder gegeben: *ond ne syngiad ma (nolite peccare)*. — Ps. 104,13 *Ne sceolon ge mine pa halgan hrinan ne gretan re on min witegan wergde settan (nolite malignari)*.*)

ββ. In den Regeln und Verordnungen der Cura pastoralis wie des Beda steht bisweilen einem lat. Praes. Conj. des Willens und der Vorschrift oder einem lat. imperativischen Futur d. 3. Ps. Sg. die 3. Ps. Sg. des Ind. Präs. von *sculan* gegenüber. Wie im Lateinischen in diesen Fällen zur besonderen Bezeichnung der Pflicht auch ein *debet* ganz am Platze wäre, das in der Cura pastoralis auch in der That häufig mit dem Conj. Präs. abwechselt, so mag auch, wo *sculan* dem Conj. Praes. des Lateinischen gegenüber steht, an ein *sculan* der Pflicht zu denken sein. Auch für die Fälle des Beda ist mir die letztere Bedeutung wahrscheinlich. — C. P. 11,21. *Hu se lareow sceal beon clæne on his mode.* (*Ut sit Rector cogitatione mundus*). ib. 11,22, 23; 13,1; 13,3; 13,6; 75,24; 81,2 *Se lareow sceal bion on his weorcum healic* (*Sit rector operatione praecipuus*) ib. 107,8; 89,5; 97,22; — 127,11 *Ne forlæte . . .* dagegen (*Sit Rector non minuens*). An eine Vermeidung des Conjunctivs *beo*, welche man aus einem Vergleich obiger Fälle schliessen könnte, möchte ich nicht denken; *beo* findet sich z. B. C. P. 33,10**) — Bed. 284 u. *Aelc Cristen man sceal cunnan his Pater noster ond his Credan* (*Orationem Dominicam et Symbolum Apostolicum calleat*). ib. 168 *Biscop sceal læran his leode symble mid boclicere lare ond him bysnian wel (erudiat)*. ib. 423 u. *Aelc Cristan man sceal cunnan his pater noster ond his credan. Mid pam Pater noster he sceal hine gebiddan ond mid pam credan he sceal his geleafan getrymman.* (*Quilibet Christianus Orationem Dominicam et Symbolum Fidei callebit; per Orationem Dominicam precabitur, et per Symbolum Fidei fidem suam firmabit*). ib. 423 o.; 331 u.; 332 o.

cc. In den Gesetzen Ine's, in welchen die Verordnungen für eine 3. Ps. sonst im jussiven Conjunctiv des Begriffsverbums

---
*) Übersetzungen mit willan siehe *willan* IV A. 1.
**) Auch die Verwendung von „*byd*" (3. Ps. Sg. Ind.) ist hier häufig (Hotz, pag. 17 g.).

stehen, finden sich einzelne Fälle mit *sculan* im Ind. Präs. Auch hier macht sich das Moment der Pflicht oft deutlich geltend. *sculan* steht hier meistens in Fällen, wo eine Geldstrafe anbefohlen wird, und zwar dann häufig bei Verben der Vergeltung und ähnlichen (vgl. s. 5, 1 *a*). [Ines 45. *betan Burg bryce mon sceal betan* CXX scill. *kyninges and biscepes.* — bei *gifan*, *gesellan*, *agifan* 59 [1]; 61; 74. — *onsacan* 46. *ponne mon monnan bet yhd pæt he ceap forstele odde forstolenne gefeormie, ponne sceal he be* LX *hyda onsacan.*

Aus einer Gegenüberstellung der Fälle Ine's 64 und 65 gegen 66 will Holz a. a. O. s. 17 u. allerdings die vollständige Identität von *sceal tæcan* mit dem jussiven Conjunctiv *tæce* ersehen. **64.** *Se pe hæfd XX hida, se sceal tæcan XII hida gesettes landes ponne he faran wille.* **65.** *se pe hæfd X hida, se sceal tæcan VI hida gesettes landes;* **66.** *Se pe hæbbe hida, tæce odres healfes.*

Ein Moment des Geziemens, sich Gehörens blickt in folgenden Fällen durch: 15 [1] *Se ad sceal bion healf be husl gengum.* 69 *Sceap sceal gongan mid his fliese od midne sumor, odde gilde pæt fliese mid twam paeningum.* 44 [1] *Gafol-hwitel sceal beon æt hiwisce VI paeninga weord.*

Zu beachten ist, dass in der „Vetus versio" der angelsächsischen Gesetze, die vermutlich in die erste Zeit der normännischen Könige fällt (Schmidt a. a. O. Einl. § 2 s. XIX), das *sculan* dieser Fälle, wie aber auch meistens sonst, mit *debere* übersetzt ist, während dem Conjunctiv auch der Conjunctiv des Lateinischen gegenübersteht. Als einen untrüglichen Beweis möchte ich diese Thatsache allerdings nicht gelten lassen.

dd. Fleischhauer führt in seiner Dissertation „Über den Gebrauch des Conjunctivs in Alfreds altenglischer Übersetzung von Gregor's Cura Pastoralis" s. 4, § 2 mehrere Fälle an, wo er den Wunsch doppelt ausgedrückt sieht „nämlich durch den Begriff dieses Verbs und dadurch, dass es in den Conj. gesetzt wird".

Ist nun, wie Fleischhauer denkt, hier wirklich ein *sculan* der Absicht vorhanden, so würde der Conjunctiv wohl dazu dienen, als Conjunctivus optativus die Aufforderung, welche, wenn *sculan* im Indicativ gebraucht wäre, einen imperativischen Charakter trüge, zu mildern (vgl. Grimm Gr. IV, 75). In den anzuführenden Beispielen lässt sich aber auch das Moment der Pflicht nicht verkennen, und es scheint mir noch wahrscheinlicher, dass hier die Erwähnung der Pflicht zum Ausdruck des Wunsches und Begehrs, dass sie erfüllt werde, im adhortativen Conjunctiv geschieht. C. P. 43,2 *Be swelcum monnum Crist on his godspelle cwæd: Ne scyle nan mon blæcern ælan under mittan (neque accendunt lucernam et ponunt eum sub modio)* ib. 45,8; 61,6 *Ac done monn scyle ealle mægene to biscephade teon (Ille igitur ille modis omnibus debet ad exemplum vivendi pertrahi)*; ib. 199,20 *Swa scyle gehwelc mon forberan dæt he mid dæm sweorde his tungan his hlaford ne slea.* ib. 457,28; 131,1; 9,21; 21,22. — In gleicher Weise wie Fleischhauer äussert sich Hotz a. a. O. s. 18 „sculan itself is put in the subj"; — er meint das *sculan* der Absicht, des Befehls. Aber auch in den von ihm beigebrachten Beispielen äussert sich deutlich die Pflicht: Cr. 821 *scyle gumena gehwylc in his geardagum georne bipencan pæt* . . . Bo. 364 o. *Forpy ne scyle nan wis monn forhtigan ne gnornian.* — Andere Fälle sind Red. d. Seel. 98 *forpon scyle mon gehycgan pæt he meotude hyre* . . . Wund. d. Sch. 17; Bo. 364 m.

b. Umschreibung des Conjunctivs durch sculan.

1. Es wurde in A. (s. 4—31) überall darauf hingewiesen, dass *sculan* sich dort in seiner eigentlichen Bedeutung findet oder in einigen Fällen (c s. 26) doch wenigstens in einer Function, die zu der Bedeutung des Verbums in enger Beziehung steht. s. 12 Anm. wurde bereits erwähnt, dass *sculan* in der Bedeutung einer Nötigung durch Absicht die Bezeichnung des Imperativs der 3. Ps. mit dem Conjunctivus jussivus teile. *sculan* fand sich dort im Indicativ. — Hier ist nun zu untersuchen, in wie weit *sculan* sich überhaupt fähig zeigt, den Conjunctiv zu umschreiben.

Wenn *sculan* durch seinen Wortbegriff selbst fähig ist, den Conjunctiv zu vertreten, so muss es genügen, dass zu solcher Umschreibung der Indicativ dieses Hülfsverbums gebraucht ist. In diesem Modus findet es sich an Stelle des Conjunctivs, wie eben gesagt worden ist, in einem Falle der Absicht. Ausser denjenigen der Absicht findet sich aber im Wortsinn von *sculan* wohl kein conjunctivisches Moment; und in Übereinstimmung damit ist *sculan* im Indicativ sonst auch nie verwandt, wo nach den Gesetzen des Ags. ein Conjunctiv notwendig stehen müsste.

2. Weitere Fälle, in denen *sculan* den Conjunctiv des Wunsches, der Absicht, ersetzen kann.

a. Man kann in Zweifel sein, ob in den Beisätzen nach Ausdrücken des Befehls und Aufforderns*) (s. 12 u. 13), Beschliessens (s. 14 *β*) und Wollens (s. 15, bb) *sculan* im Indicativ oder Conjunctiv steht.

sculan kann hier aber einen Conjunctiv, welcher schlechthin die Abhängigkeit des Inhalts des Nebensatzes von einer Absicht zu bezeichnen hätte, vermöge seiner Bedeutung, also im Indicativ stehend, vollständig ersetzen. Ein weiteres conjunctivisches Moment wird hier nicht vorhanden sein, wo nur der thatsächliche Erfolg ins Auge gefasst wird.**)

β. Unverkennbar im Conjunctiv findet sich *sculan* dagegen nach Ausdrücken des Wunsches und des Strebens (s. 18 *a*). Nach Ausdrücken dieser Art findet sich sonst der blosse Conjunctiv des Begriffsverbums auch in der Bedeutung eines Conjunctivs des Wunsches der Absicht (siehe Hotz a. a. O. s. 30, Hennicke a. a. O. s. 25). Der subjectiven Abhängigkeit des Inhalts des Nebensatzes, welche sich hier im nicht umschriebenen Conjunctiv äussert, giebt ein solcher aber auch noch in weiterem Sinne Ausdruck, als nur darin, dass die Handlung in einer Absicht beruhe. Der Conjunctiv wirft auch auf das Statthaben oder Eintreten der Handlung den Schein der Ungewissheit, die eben auch in der subjectiven Abhängigkeit von einem blossen Wunsche beruht. Hier vermochte *sculan* den Conjunctiv nicht mehr zu ersetzen; der Conjunctiv musste selbst eintreten.

γ. In gleicher Weise äussert sich der Conjunctiv in den Fällen des Gedenkens (s. 18 *β*). In diesen (C. P. 55,19 u. 393,25) tritt überdies der Gedanke einer Irrealität der beabsichtigten Handlung hinzu, auf welche der Zusammenhang hinweist: die

---

*) Nach den Ausdrücken des Befehls finden sich nur die unsicheren präteritalen Formen; C. P. 95,2 scoldon. Nach „biddan" Bed. 283 steht das wohl indicativische sceolon, wie sich in den echten Predigten Wulfstans (ed. Napier) 6,1 sculon nach „biddan" findet.

**) Vgl. Oskar Erdmann (a. a. O..§ 285).

Absicht kommt nicht zur Ausführung. Dies Moment mag den Gebrauch von *sculan* noch insofern begünstigen, als dieser Irrealität gerade die Absicht, das geschehende aber vergebliche Gedenken gegenübergestellt werden soll. Die Irrealität selbst aber bezeichnet der Conjunctiv. So auch in den Fällen des Dafürhaltens und Behauptens (s. 19 γ u. δ), in denen sich eine Absicht weniger, als überhaupt subjective Abhängigkeit geltend macht, und wo auch, wie angegeben, wohl eine andere Bedeutung von *sculan* mitspielt.

δ. An dem *sculan* des Finalsatzes (s. 16 dd) erkennt man deutlich, dass es, im Gegensatz zu *willan*, die Function hat, die Beabsichtigung einer Handlung zu bezeichnen, deren grammatisches Subject eine andere Person ist, als die beabsichtigende. Über den Modus geben die vorliegenden Beispiele keinen Aufschluss, doch würde *sculan* im Indicativ hier wohl genügen. — Im Finalsatz steht ja überhaupt häufig genug der Ind. (Hotz a. a. O. s. 35.)

sculan vertritt, oder richtiger, kann also in allen Beispielen den Conjunctiv nur so weit vertreten, als dieser schlechthin die Abhängigkeit von einem Willen bezeichnen würde. — Mätzner äussert sich über den Ursprung der im Ne. als Vertreter des Conjunctivs geltenden Formen *should* und *would* in einer kurzen Andeutung sogar dahin, dass dieselben selbst als ursprüngliche Conjunctive zu betrachten seien (Gr. II³ s. 145). Vielleicht entspricht auch ein *should* als Indicativ zuweilen im Ne. einem Conjunctiv der blossen Absicht, wie dies im Ae. Wahrscheinlichkeit trägt in 2 α s. 38.

Dass das conjunctivische *should* der Absicht sehr häufig als blosse conjunctivische Umschreibung benutzt worden ist, findet seinen Grund wohl zum Teil in dem Bestreben, eine prägnantere Form des Ausdrucks herbeizuführen, als sie die bald verfallenden Flexionsformen gestatteten. Ob nun *sculan* in den oben genannten Fällen dem Angelsachsen auch wirklich schon schlechthin als conjunctivische Umschreibung gedient hat? Man kann sich doch nicht leicht des Eindrucks erwehren, dass gegenüber den häufigen Beispielen des blossen Conjunctivs in gleichen Fällen *) *sculan* noch zu besonderem Zwecke, um in der

---

*) Vgl. Hotz (a. a. O. s. 80).

bereits verschiedentlich angedeuteten Weise besondere Momente hervorzuheben, verwandt sei.

ε. Es erübrigt noch, einen Blick zu werfen auf andere in 2 (s. 20—31) und B (s. 32 u. 33) stehende Fälle, in denen *sculan* im Conjunctiv vorkommt. Gemäss der Bedeutung, welche *sculan* in diesen Fällen eigen ist, kann es nicht mit einem Conjunctiv concurriren. Sollte es zur blossen Umschreibung des Conjunctivs übergehen, so musste es, im Conjunctiv stehend seine Bedeutung verlieren, oder diese musste wenigstens nur nebenher zur Geltung kommen; *scyle, sceolde* musste als blosse Form benutzt werden, die dem Inhalt des Infinitivs vor allem als **modale** Bezeichnung galt. Hierzu konnte es bei einer nur noch wenig hervortretenden und abgeschwächten, auch unwichtigen Bedeutung von *sculan* wohl dann kommen, wenn der Gedanke nicht mehr auf die blosse Nötigung zur Handlung, sondern auf das Statthaben der Thatsache selbst ging. Dann bemächtigte sich das conjunctivische Moment wohl des ganzen Ausdrucks.

Im Einklang hiermit steht die oben erwähnte kurze Andeutung Mätzners. — Ich unterlasse es auch hier, zu entscheiden, ob der Angelsachse *sculan* schon gebrauchte, um dem Conjunctiv in prägnanterer Weise Ausdruck zu verleihen, als es die bereits weniger unterschiedlichen finiten Formen des Begriffsverbs vermochten. — Ich führe jetzt Beispiele an, in denen der Wortsinn von *sculan*, obwohl noch erkenntlich, nicht mehr stark hervortritt. Sie sind nicht zahlreich.

aa. Fälle, in denen sich zugleich ein futurischer Sinn zu erkennen giebt. — Futur der Gegenwart. Guthl. 995. *Wast þu frea dryhten hu peos adle scyle ende gesettan?* (Siehe s. 20 b, α.) — Futur der Vergangenheit. Bed. 281 o. *ond hire nænig tweon wæs, pæt* [pæt] . . . . . *dære sawul durh da godan weorc ond pa scinendan de he dyde swa swa purh gyldene rapas to heofonum ahæfe beon sceolde* (instrumentale Bestimmung s. 21 γ). C. P. 5,22 *Hie ne wendon dætte æfre men sceolden swa recelease weordan* . . . Beow. 691 *Nænig heora pohte pæt he panon scolde eft eard-lufan æfre gesecean, folc opde freo-burh.* Jul. 425*) — Nach *ondrædan* (s. 87, m.)

───────────

*) Auch für die drei letzten Beispiele wird ein Moment der Veranlassung oder Nötigung überhaupt vorhanden sein. C. P. 5,22, wo die Bedeutung am schwächsten ist, wohl nach s. 24 ς. Sie glaubten nicht „dass es dazu kommen könnte".

mag *sceolde* auch als blosse Umschreibung des Conj. fut. erscheinen.

bb. Im hypothetischen Satzgefüge mag *sculan* auch im Ags. schon dazu gelangt sein, im Conj. praet. verwandt, diesen hypothetischen Conj. praet. schlechthin zu umschreiben. (Siehe die s. 32 angeführten conjunctivischen Beispiele.) Auch für den Concessivsatz (s. 26 c Metr. 25,72) kann man diese Anbahnung einer blossen Umschreibung des Conj. praet. annehmen. — In Betreff dieser Umschreibung mag darauf hingewiesen werden, dass man für das in gleicher Function gebrauchte deutsche *sollte* wohl der Annahme begegnet, es sei dann hauptsächlich angewandt, wenn sich der Conjunctiv des Imperfectums in seiner Form nicht mehr vom Conj. Ind. unterscheide.

ζ. Es sei hier noch ein besonderer Fall angeführt, in welchem *sculan* im Conjunctiv steht, ihn aber in dieser Form wohl nicht umschreibt. — Hotz weist a. a. O. s. 43 darauf hin, dass zur Bezeichnung der Ungewissheit in der directen Frage der Conjunctiv steht. Auch *sculan* findet sich an solcher Stelle im Conjunctiv: Metr. XXVII, 1 *Hwy ge æfre scylen unrihtfioungum eower mod drefan, swa swa mereflodes yda hrerad iscealde sæ, weegad for winde?* (Bedeutung nach γ (siehe s. 21 γ. „in d. Frage"). In gleichartiger Bedeutung*) findet *sculan* sich in directer Frage noch öfter im Indicativ. C. P. 261,19 *forhwy donne sceal**) ænigum menn dyncan to rede odde to wiede dæt he Godes swingellum gedafige?* Guthl. 337. *Hu sceal min cuman gæst to geoce?* C. P. 307,15. — Für gleiche Fälle des Mittelhochdeutschen, wie er sich ausdrückt „in dubitativer oder potentialer Frage" nimmt von Monsterberg-Münckenau a. a. O. s. 167 die Umschreibung des Conjunctivs durch *soln* in der 3. Ps. des Präs. Ind. an. Diese Auffassung möchte ich für die oben genannten Fälle nicht gelten lassen. Es ist hier überhaupt nicht unbedingt erforderlich, dass die Ungewissheit, in der sich der Fragende befindet, zu besonderem Ausdruck gelange. Sie offenbart sich schon genugsam in der Frage selbst. Auch Zweifel und Möglichkeit brauchen nicht erst besonders ausgedrückt zu werden, ward dies aber beliebt, so wurde *sculan* auch in den Conjunctiv gesetzt. Sollte von Monsterberg

---
*) s. 21 γ.
**) Hier noch ganz deutlich: Weshalb muss es denn dünken ...

sich durch den Gebrauch des Conjunctivs oder des Optativs des Griechischen in Fällen gleicher Art zu seiner Annahme haben verleiten lassen? Im Conjunctiv des Präteritums, welch' letzteres, ausser dem Conjunctiv, der Irrealität*) mit einigem Nachdruck Ausdruck verleiht, findet sich *sculan* hier auch. Bo. 60 *To hwon sceoldan la mine friend seggan pæt ic gesælig mon wære?* (*Hätten meine Freunde irgend einen Grund, zu sagen . . . .?*) ib. 62 o. *Hwi ne sceolde me lican fæger land?* (Gäbe es einen Grund, wäre eine Veranlassung, dass nicht . . . .?) ib. 308 *Hwi ne sceolde me swa dencan?* — Auch hier gelangte *sculan* kaum zu eigentlicher Umschreibung. Mätzner denkt auch nicht an eine blosse Umschreibung, wenn er Gr. II s. 103 in Betreff solcher Fragen, wie: *Why should you suspect me?* sagt: „Hier wird ein in die Vergangenheit verlegtes Motiv des Sollens gefordert, obwohl die Frage auch für die Gegenwart ihre Bedeutung behält." — Ein markantes Beispiel ist noch Bed. 66 m. *Hwi ne sceol he donne rihtlice sprecan pæt yfel pæt he onscunad?* (*Quare . . . haud debuit?*)

2. sculan umschreibt ein Tempus.

Umschreibung des Futurums durch *sculan*.

sculan und *willan* sind bekanntlich mit der Zeit dazu gelangt, das Futurum zu umschreiben. Koch (Gr. II § 46) und Mätzner (Gr. II s. 88) sind der Meinung, dass *sculan* eher als *willan* diese Function zustand. Koch spricht *willan* dieselbe für das Ags. überhaupt nicht zu, Mätzner ist der Meinung, *willan* streife an die Umschreibung des Futurs. In Betreff von *sculan* äussert sich Koch in seiner kurzen Weise, dass sich zur Bezeichnung des Futurs im Ags. neben das Präsens „die Verbindung des Infinitivs mit *sculan* stelle". Mätzner behauptet auch hier nur, im Ags. kämen Beispiele mit *sculan* der Umschreibung „sehr nahe". Koch weist nun in einigen Beispielen mit *willan* darauf hin, dass die Verwendung dieses Hilfsverbs nicht als futurische Umschreibung zu fassen sei, sondern dass sie „ganz dem logischen Verhältnisse entspreche." Dasselbe trifft aber auch bei *sculan* zu in den Beispielen, welche er giebt. *sculan* war in seiner weitgehenden Bedeutung von ihm nur nicht

---
*) Vgl. Oskar Erdmann a. a. O. § 25.

genügend beachtet. — Wie weit nun von einer Umschreibung des Futurs durch *sculan* in den hier untersuchten Texten zu reden ist, mögen folgende Untersuchungen zeigen.

sculan geht wie *willan* seiner Natur nach im Wesentlichen auf einen Inhalt, welcher erst zu verwirklichen ist und bezieht sich auf eine Thätigkeit, welche erst der Zukunft angehört. (Mätzner Gr. II s. 87). *sculan* birgt ein futurisches Moment in sich.

Das futurische Moment tritt nun in den untersuchten Texten oft zwar deutlich genug in *sculan* hervor, aber es ist dabei die gleichzeitige Bezeichnung einer Nötigung durch *sculan* nicht ausgeschlossen. Ich vermisse kaum in einem Falle den Wortsinn von *sculan*. Wenn es erforderlich war, dass eine futurische Handlung zu deutlicher Bezeichnung gelangte, so scheint *sculan* doch nur verwandt zu sein, wenn auch zugleich das Moment einer Nötigung ausgedrückt werden sollte, oder doch wenigstens ausgedrückt werden konnte. Auch dann scheint dies der Fall zu sein, wenn *sculan* mit abhängigem Infinitiv einem lateinischen Futurum gegenübersteht. Das lateinische Futurum brachte allerdings eine Nötigung nicht zum Ausdruck, der Angelsachse bediente sich aber überhaupt gern des mannigfach nüancirenden Wortes, das dem Hauptgedanken auch bedeutungsvolle Schattirungen verleihen konnte. Wenn der Wortsinn es zuliess, mag *sculan* aber auch mitunter verwandt sein, um hauptsächlich dem Futur zu energischerem Ausdruck zu verhelfen. Aelfric giebt in seiner Grammatik das lateinische Futurum *stabo* nur wieder durch „*ic stande nu rihte odde sunne timan*" (s. 123). Dagegen übersetzt er (s. 247) *loquuturus* durch *sc de wyle odde sceal sprecan*. Einerseits wird er hier dem futurischen Moment gerecht, und augenscheinlich misst er *willan* hier gleiche futurische Kraft wie *sculan* bei; andererseits weist er dadurch, dass er sich beider Hilfsverba bedient, auf die verschiedenartigen Veranlassungen einer zukünftigen Handlung hin, welche aus eigener Initiative (*willan*) oder aus andern Motiven, die in A (s. 1—31) angegeben sind (*sculan*), hervorgehen können.

sculan konnte selbstverständlich nur dann auch auf das Futurum hindeuten, wenn es sich um ein noch zu geschehendes Ereignis handelte.

a. In Fällen dieser Art macht sich ein futurischer Gedanke wohl dann kaum geltend, wenn es sich um einen Befehl, eine

Aufforderung oder einen Beschluss handelt (s. 11—14). Bei der Conception solcher Fälle wird wohl Niemandem das futurische Moment in *sculan* vorschweben, sondern man wird es als Ausdruck eines Befehls u. s. w. schlechthin auffassen und erachten.

b. In Fällen der Willensbestimmung (γ, s. 14 u. fgg.) äussert sich in einzelnen Beispielen das futurische Moment schon mehr. Doch wird der massgebende Grund für die Verwendung von *sculan* wohl derjenige sein, der Willensbestimmung Ausdruck zu geben; so auch selbst in bb s. 15, wo *sculan* nach *willan* stehend zum zweiten Male der Absicht nachdrücklich Ausdruck giebt. — Welcher Ansicht man auch über den Grund der Verwendung von *sculan* im Beisatz nach den Ausdrücken des Wunsches und des Gedenkens (s. 18 u. 19) sein mag, die nachgewiesene Bedeutung des Wortes spielt wenigstens in sofern mit, als sie die futurische Bezeichnung durch das Hilfsverbum, welche anzunehmen ich allerdings wenig geneigt bin, mindestens zu vermitteln hat. So auch in den Fällen des Dafürhaltens (s. 19), wo ein futurisches Moment möglich ist, wie in denjenigen des Fürchtens (s. 30 f, α).

c. In einer Drohung oder einer Verheissung wird ohne Zweifel auf die Zukunft hingedeutet. Zupitza giebt in seinem Glossar zur Elene an, dass u. a. El. 687 (directe Drohung in indirecter Rede) und El. 580 (directe Drohung in directer Rede) *sculan* das Futur umschreibe. Aber er wird nicht in Abrede stellen, dass *sculan* vorzüglich in seiner Wortbedeutung verwandt ist, das V o r h a b e n einer Person in Betreff einer andern, hier in der Drohung b e s o n d e r s, auch zugleich als einen Z w a n g anzukündigen. Daran wird hier am meisten gelegen sein. — Was die Fälle der Prophezeiung anbetrifft, so spielt auch hier das futurische Moment seine Rolle. Ausser dass in den s. 17 Anm. angeführten Fällen die Wortbedeutung nicht fehlt, ist hier aber auch zu beachten, dass *sculan* sich überhaupt zum stehenden Ausdruck einer Prophezeiung wandelte, und zwar nicht allein wegen des in ihm liegenden futurischen Momentes, wie bereits angedeutet ist.*)

---

*) Vgl. auch Koch Gr. II § 46: Daher gebraucht der Prophet auch s h a l l als den Ausdruck der sicher, weil notwendig, eintretenden Handlung.

d. Bei von Monsterberg-Münckenau heisst es (a. a. O. s. 157) in Betreff von Fällen, in welchen es dem Verfasser unentschieden ist, ob „soln" blos umschreibende Function hat: „Gesteht der redende selbst eine verpflichtung u. s. w. ein, so liegt darin ausgesprochen, dass er ihr nachkommen will. „Soln" bezeichnet daher in der 1. person sing. und in der 1. person plur. dann, wenn sie gleich der 1. u. 3. ist, das futurum. Ebenso wenn die 1. ps. plur. für die 1. sing. steht...." Wendet man diese Erklärungen auf die hier vorliegenden Fälle mit *sculan* an, so kommen vor allem die Beispiele *Ic sceal* (s. 26—29) in Betracht, sowohl die der 1. Ps. Sg. u. Pl. in der directen, wie die der 3. Ps. in der indirecten Rede, als auch ferner das der 2. Ps. Sg. in der Frage (s. 28 bb). Es wurde darauf hingewiesen, dass in *sculan* hier die Erwähnung einer Nötigung zu sehen ist, welche zugleich ein Wollen involvirt, oder auch das nachdrückliche Verbürgen einer aus eigenem Willen auszuführenden Handlung. Stets ist das Wollen, die Beabsichtigung des Subjectes mit im Spiel. *Sculan* erwies sich hier, unterstützt durch sein futurisches Moment, als ein sehr passender Ausdruck, dass eine Person ihre eigne Handlung auch für die Zukunft verbürge; die Umschreibung des Futurs in der 1. Ps. u. s. w. durch einen so energischen und sichernden Ausdruck wurde angebahnt. Sie ist allem Anscheine nach auch festgehalten und hat sich weiter ausgedehnt. Es mag hier darauf hingewiesen werden, dass das Moment der Nötigung, meistens das der Pflicht, welches hier in der Verwendung von *sculan* augenscheinlich seine Rolle hat (ob nun auch hier schon lediglich um die futurische Bezeichnung durch *sculan* zu vermitteln, oder um auch selbst zu besonderer Geltung zu gelangen?), im Me. sich in *I shal* zuweilen kaum mehr äussert. — Sehr häufig weist hier *I shal* in einem Versprechen oder einer Drohung allerdings auch das Moment eines Verbürgens auf. So in *): Robert of Brunne's Handlyng Synne 5759: *Gyf þou do hyt y shal þe gyve Ten pownd of gold wel with to lyve;* — Sunday Homilies, Second Sunday in Advent 206: *I sal, he said, yef I may, Com to the, my stat to say;* — Alliterative Poems, The Deluge 286: *Bot I shal delyver and*

---

*) Die Belegstellen sind ausser denen von Chaucer den „Specimens of Early English Poetry II" (ed. Morris and Skeat) entnommen.

do away pet doten on pis molde; — ib. 323 *for I shal waken up a water to wash alle þe world.* — In den folgenden Stellen tritt das Moment des Verbürgens und der Nötigung schon schwächer hervor: John Wyclif, Gospel of Mark C, 1 v. 18: *I shal make you to be maad fishers of man;* — Handl. Synne 5750: *Y shal þe shewe a pryvyte, A pyng þat þou shalt do to me.* Chaucer (ed. Morris) The Milleris Tale 489 *I shal at cokkes crowe Ful pryvely go knokke at his wyndowe That stant ful lowe upon his bowres wal;* The Wyf of Bathe T. 221. *To which thing schortly answeren I shall And say ther nas feste ne joy at al.* The Reeves Tale 258 *If that I may, yone wenche sal I swyve.*

Diese Beispiele werden schon erweisen, dass *I shall* mit der Zeit der Wortbedeutung einer Pflicht oder einer Nötigung gänzlich entbehren konnte, und dass es dann nur als ein sehr prägnanter Ausdruck lediglich zur Umschreibung des Futurs der 1. Ps. benutzt wurde, auch da wo die beabsichtigende Person und das Subject des Satzes dieselbe waren und wo *I wille* seinen eigentlichen Platz gehabt hätte. In nachelisabethanischer Zeit wurde diese Function von *I shall* bekanntlich allgemein.

e. In δ (s. 28) wurden einige Fälle genannt, Bo. 120 m. und Bo. 326 m., in denen sich im Lateinischen kein Ausdruck der Nötigung, dagegen dem *Ic sceal* gegenüber das Futurum *conabor* mit nachfolgendem Infinitiv findet. Der Gedanke der Nötigung ist an diesen Stellen möglich und seine Bezeichnung angebracht, doch mag *sculan* in dieser Bedeutung, oder auch *Ic sceal* vielleicht schon, als gleichsam formeller Ausdruck der Ankündigung des Autors eine erstrebte Umschreibung des Futurums vermittelt haben, wie dies vielleicht auch durch *willan* geschah, das sich noch häufiger einem lat. Fut. gegenüber findet (siehe *willan* I C Hilfsverbum b, *a*).

f. von Monsterberg-Münckenau's Erklärung lautet weiter (siehe d s. 45) „Ebenso in der 2. und 3. ps. in dem Falle, dass die erfüllung nicht von dieser, sondern von der redenden abhängt."

In Betreff solcher Fälle, in denen sich eine Bestimmung, ein Vorhaben, überhaupt eine Absicht äussert, reicht v. M.'s Erklärung für die hier vorliegenden Stellen mit *sculan* nicht völlig aus. Die beabsichtigende Person braucht nicht immer selbst zu reden und ihren Vorsatz zu nennen; auch sonst wird dann ein Gedanke an das zukünftige Geschehen der Handlung hervortreten, wenn es den Anschein hat, dass die beabsichtigende Person auch im Stande ist und in der Lage, ihren Plan zur Ausführung kommen zu lassen. Die hierher gehörigen Fälle berühren sich zuweilen mit denjenigen der Versicherung und Prophezeiung; eine scharfe Abgrenzung ist nicht immer möglich. Zuweilen deutet auch noch eine adverbiale Bestimmung der Zeit auf die Zukunft hin. Futur der Gegenwart. Bed. 491 u. *dæs de ic rehte dæt đurh God geweard ond get geweordan sceal (qua per Deum facta et fieri post modum futura sunt)* ib. 181 m. *Gelyfst þu þæt we sceolon ealle arisan mid urum lichaman on domes dæge? (Credis tu resurrecturos omnes nos?)* ib. 421 u. — ib. 478 u. *Ond hi sceolon gescon æt dam micclan dome hwæne hi gewundodon wælrheawlice on rode (contemplabuntur).* ib. 490 o. *Ac dær gewyrþ þurh Godes mihte rape to sceaden þæt wered on twa, æt scylan da forwyrhtan þe her on life gode noldan heran ac deofle fyligden, þonne eac habban þæt he ær gecuron (habebit tunc etiam quod prius elegerat)* 490 u. — Ein Beispiel ohne Infinitiv*) lässt unter den übrigen hier vorkommenden besonders deutlich die Bestimmung erkennen: 490 m. *dider scylan man slagan (dahin sollen die Mörder); auch hier das lat. Part. fut.: illuc homicidae abituri. sculan* vereinigte hier das Moment der Veranlassung sowie das Moment des futurischen Geschehens der Handlung in trefflicher Weise in sich. — Cr. 1808 *þonne frætwe sculon byrnan on bæle.* ib. 1030 *Sceal þonne anra gehwylc for Cristes cyme cwic arisan.* Metr. XI, 17 *swa hit eac to worulde sceal wunian ford!* ib. XI, 56. Dom. D. 1. ib. 40. Unter den s. 15 cc genannten Fällen des Vorhabens und der Bestimmung sind wohl hierher zu zählen: Cr. 783. ib. 15. Metr. XI, 36. — Futur der Vergangenheit: Gen. 696. *Hwæt se hellsceada gearwe wiste, þæt hie godes yrre habban sceoldon.* Or. 156,1.

g. Die vorhergenannten Fälle wurden im Besonderen erwähnt, da sie teils zu speciellen Erwägungen Veranlassung gaben, teils sich mit Beispielen aus einem mittelhochdeutschen Texte berührten, in denen der Erklärer derselben ebenfalls nicht

---
*) In Betreff des Infinitivs siehe D 1 a δ.

schlechthin ein Futurum ausgedrückt fand. Im Allgemeinen lässt sich sagen, dass dann, wenn auch der Gedanke des Lesers der zukünftigen Handlung gilt, zu welcher Vorstellung er im Zusammenhange Veranlassung verschiedener Art findet, sich auch das futurische Moment in *sculan* geltend macht, dass *sculan* in solchen Fällen aber dann einer blossen futurischen Umschreibung sehr nahe zu kommen scheint, wenn das Moment der Nötigung weniger beachtet zu werden verdient und kaum noch hervortritt. Es wurde bereits betont, dass nicht entschieden werden soll und kann, ob in allen Fällen das Moment der Nötigung oder auch schon das Streben dem futurischen Gedanken einen prägnanteren Ausdruck zu geben, die Verwendung von *sculan* hervorrief. Es bleibt im Ganzen zu beachten, dass das Ags. in der Regel noch das· Präsens, oder wenn die Handlung einem Futurum der Vergangenheit angehörte, das Präteritum gebrauchte. Es ist ferner doch auch festzuhalten, dass *sculan* in seiner weit verzweigten und oft nur in feinster Nüancirung hervortretenden Bedeutung auch da gebraucht ist, wo die Annahme irgend einer Umschreibung fern liegt.

α. *sculan* steht in einem Beisatz nach einem Verbum der Gedankenvorstellung, welche auf das Geschehen der Thatsache selbst gerichtet ist. — Fut. d. Vergangenheit. Jul. 425. *Wende ic pæt pu py wærra weordan sceolde wid sodfæstum, swylces gemotes and py unbealdra, pe pe oft widstod purh wuldorcyning willan pines.* (Nötigung im Instrumental *py*, oder im Causalsatz.) Beow. 691 *Nænig heora pohte pæt he panon scolde eft eard-lufan æfre gesecan folc opde freoburh, pær he afeded wæs* (Fügung oder nach *dencan*). Bed. 241. *ond he wende pæt he sweltan sceolde ond dead prowian* (*cum se aestimaret esse moriturum* [Subject]). Hier äussert sich der Zwang noch sehr deutlich. — Auch in der Beschaffenheit des Subjectes (*his ding*, sein Zustand, seine Verfassung): Bed. 191 u. *da swigodon hi eac calle ond stille wæron ond bidon to hwon his ding weordan sceolde* (*intentique ora tenebant quem res exitum haberet soliciti expectantes.*) Bed. · 193 m. *forpon da he wæs mid wæpnum ond mid feondum eall utan behyped ond he sylfa ongeat pæt hine man ofslean sceolde* (Zwang auf das Gefühl, auch wohl Zusammenhang: die Lage war dergestalt, dass). — In folgenden Fällen ist *sculan* wohl durch das regierende Verbum des „Glaubens und Wähnens" selbst herbeigeführt oder zur futurischen Bezeichnung vermittelt: Bed. 242 u. *Ic gehyhte ond wende pæt wit nu hrape scoldan æt gædere on pæt ece lif gongan* (*Sperabam quid pariter ad vitam aeternam intraremus*). C. P. 433,29 *fordæm he gesihd da gearwe de he wende dæt he sceolde ungearwe findan.* Or. 166,30. — Bed. 281 o.

β. Ein temporaler Ausdruck deutet besonders auf die Zukunft hin. — Futur der Gegenwart: And. 185 *nu bid for preo niht, pæt he on dære peode sceal fore hædenra gewinne purh gares gripe gæst onsendan* (instrumentale Bestimmung) Guthl. 1141 *nis nu swide feor pam ytemestan endedogor nydgedales, pæt pu pa' nyhstan scealt in woruldlife worda minra næfre leana, biloren lare gehyran noht longe ofer pis* (Zusammenhang, Guthlac's baldiger Tod). Cr. 1802 *pær sceal feorht monig on pan wongstede werig bidan, hwæt him æfter dædum deman wille* („*pær*") weist auf eine in der Zukunft liegende Situation hin).

γ. Andere Fälle. — Fut. d. Gegenwart: Jul. 650 *weal sceal py trumra strong wid stondan storma scurum, leahtra gehydum!* (instrumentale Best.) So auch Jul. 256. — Bed. 385 u. *Se pe getimbrap ofer pam grundwealle treowa oppe streap oppe ceaf, untrylice mæg witan, pæt his weorc sceal on dam micclum fyre forbyrnan Qui super fundamentum illud ligna sive foenum, sive stipulam aedificat, indubitanter scire posset, quod opus suum in tanto igne exarserit.* (Bedingender Relativsatz und Modaladverb.) — Bed. 310 o. *forpam de se swicol wat pæt his wæpna sceolon purh halic gebedu toberstian swipost* (*arma fractum iri*). (instrumentale Best.) — Ps. 59,11 *Us sceal mægenes gemet mihtig drihten sod fæst syllan* (*in deo faciemus virtutem*). Hier liegt ein Moment der Meinung, das fast zu einem Verlangen wird, zu Grunde: Uns soll Gott . . . . . schenken. Dom. D. 35. *Sceal se dæg weordan pæt we ford berad firena gehwylce peawas and gepohtas* (Gang der Dinge, es wird dazu kommen dass, wie dies schon *weordan* anzeigt; zugleich Prophezeiung). Beow. 1855. *Hafast pu gefered pæt pam folcum sceal Geata leodum ond Gar-Denum sib gemænum ond sacu restan.* (Folge einer im Zusammenhang näher angegebenen Handlung.)

sculan fand sich in den letzten Gruppen (f u. g) oft in der 2. u. 3. Ps. Es mögen hier nur wenige Fälle sein, in welchen das Ne., wenn überhaupt eins der das Futurum umschreibenden Hilfsverba, nicht *shall* anwenden würde. Die allgemeine Regel des Ne., dass *will* in der 2. und 3. Ps. das Futurum umschreibe, ausser in der 2. der Frage, ist ja auch durchaus nicht ausnahmslos (vgl. Mätzner Gr. II s. 87 fgg.) und besonders Brinkmann a. a. O. s. 602 fgg.). Brinkmann äussert sich über die Abweichungen von der allgemeinen Regel überhaupt: „Vielleicht lassen diese Abweichungen auch noch eine andere Erklärung zu, als dass es landesübliche Verstösse gegen eine unangreifbare grammatische Regel sind." — Nach den gemachten Erörterungen werden auch für Fälle des Ne. mit *shall* in der 3. Ps. und in der 2. die Erklärungen dieses Gebrauches nicht so schwer zu finden sein. So nicht in den von Brinkmann angeführten Stellen: Scott, Ivanhoe 38. *Repent my daughter, confess thy witchcraft, turn thee from thine evil faith, embrace this holy emblem, and all shall yet be well with thee here and here after* (bedingender Imperativ). So auch ib. 38. *„Cast my innocence into the scale", answered Rebecca, „and the glove of silk shall outweigh the glove of iron"* ib. 39. *So shall you give me protection without sacrifice on your part* . . . (Zusammenhang.) ib. 303 *it is not by thy means that this unlucky damsel shall die* (instrumentale Bestimmung und der Zwang des Sterbens) Lamb, Tal. Sh. What you W.: *Boy, you have said to me a thousand times, that you should never love a woman like to me.* (Beteuerung.) ib. King Lear: *Cordelia told her father that . . . she should never marry like her sisters, to love her father all.*

h. *sculan* kann die Nötigung zu einer Handlung bezeichnen, welche bevorsteht. Es gelangt hier zur Umschreibung des periphrastischen Futurs, wenn der Gedanke nahe liegt, dass die bald auszuführende Handlung auch unternommen werde. Auch im Präteritum findet sich *sculan* hier, bildet also ein periphrastisches Futur der Vergangenheit. C. P. 129,18 *swa eac bid se here eal idel, donne he on oder folc winnan sceal, gif se heretoga dwolad;* Or. 208,11 *pa on dæm dæge þe hie gefeohtan sceoldon him com on swa micel hæte* . . . Bed. 201 u. *da him swa mycelne sidfæt feran sceoldan, qui tunc erant aggres-*

suri. — Die noch bestimmtere Bedeutung „im Begriff sein" mag hier in Bed. 201 u., vielleicht auch C. P. 129,18 statt haben, nach Stimming's Erklärung zu ähnlichen Fällen mit *devoir* (a. a. O. s. 421): „Die Bedeutung im Begriff stehen, sich anschicken zu" ergiebt sich daher in diesen Fällen (Weber a. a. O. s. 12) erst aus der Erwägung, „dass wenn Zeit und Umstände es erheischen, eine Handlung zu thun, man sich auch naturgemäss zu derselben anschickt." Das Erheischen der Zeit ist hier stets durch zeitadverbiale Bestimmungen ausgedrückt.

D. · Nichtsetzung des Infinitivs bei sculan.

1. Ellipse des Infinitivs.

Das Wort Ellipse ist hier als die übliche Bezeichnung der Art von Erscheinungen gewählt, wie sie im Folgenden genannt werden. *sculan* findet sich hier ohne einen Infinitiv. Bei einer Betrachtung solcher Fälle ist man aber geneigt, für den im Satze mit *sculan* liegenden Sinn einen vollständig adaequaten Ausdruck zu verlangen, und man gelangt zu der Annahme, dass ein Infinitiv unterdrückt sei, der bei einer grammatisch durchaus richtigen Satzbildung hinzugesetzt werden müsse. — Ich mache es mir nicht zur Aufgabe, über die Richtigkeit dieses Gesichtspunktes zu entscheiden, unterlasse es jedoch nicht, soweit es mir möglich ist, eine grammatische Berechtigung dieser Erscheinung zugleich bei ihrer Anführung zu suchen.

a. *sculan* steht mit einem Substantiv, einem Adjectiv, einem ·Particip oder einem adverbialen Ausdruck.

a. mit einem Substantiv im Nominativ.. Dsp. I, 18 *wulf sceal on bearowe, carn* (sc. *sceal*) *anhaga* (Einsiedler, einsam Lebender).

β. mit einem Adjectiv, das in prädicativer Übereinstimmung mit dem Subjecte ist.*) Beow. 2657 *urum sceal sweord ond helm, byrne ond byrdu-scrud bam gemæne!* Gen. 1904 *unc gemæne ne sceal elles æwiht nymde eall tela lufu langsumu!* Wand. 65 *wita sceal gepyldig.* Vat. Lehr. 86 *Hæle sceal*
------
*) Vgl. Mätzner II[3] s. 148 u. s. 151.

wisfæst and gemetlic. Dsp. I, 38. *Nefre sceal se him his nest aspringed,* II, 40 *Blipe sceal bealoles heorte;* II, 187 *werig sceal se wip winde rowep.* II, 203 *Gearo sceal gudbord.*

γ. *sculan* steht mit einem Participium Perf., das mit dem Subjecte prädicative Übereinstimmung hat. Cr. 1261 *swa sceal gewrixled pam pe ær wel heoldon.* Beow. 2256 *Sceal se hearda helm hyrsted golde fætum befeallen.* Dsp. II, 38. *Nyd sceal prage gebunden,* II, 80 *yrfe* (sc. *sceal*) *gedæled deades monnes.* II, 94 *Scip sceal genægled, scyld gebunden.*

δ. *sculan* steht mit einer adverbialen Bestimmung der Art und Weise. Bed. 85. *Forpon ne sceal bisceopa halgung on opre wisan nemne on gesomnunge ond on gewitnysse* (das Beispiel berührt sich eng mit denjenigen in B 1 s. 3). Dsp. I, 31 *Fyrd sceal ætsomne.*

Wenn nicht die Ergänzung von *beon* als Copula, die man für den Fall einer Ellipse hier anzunehmen hätte, nötig wäre, so stände hier *sculan* selbst mit einem prädicativen Nominativ (vgl. Mätzner II [3] s. 148) in den Fällen α, β und γ, und in δ mit einem appositionell gebrauchten Adverb (vgl. Mätzner III [3] s. 151). In der Bedeutung „nötig sein, sich gehören", wäre *sculan* dieser intransitiven Function auch vollständig fähig (vgl. Mtz. II [3] s. 34). Diese Bedeutung ist leicht zu ersehen in Fällen wie Beow. 2657, Dsp. I, 18, II, 94 u. a. Aber auch wo sich ein anderes Moment der Nötigung zeigt (Bestimmung u. s. w.) wird nicht die intransitive Function von *sculan* (= durch Bestimmung nötig sein u. s. w.) schwinden müssen. (Cr. 1261; Gen. 1904 u. a.)

In dieser begrifflichen Bedeutung würde es dann auch stehen in folgenden beiden Fällen, wo das begleitende Adjectiv mit einem Objecte in der Flexion übereinstimmt. Beow. 1856 *pæt pam folcum sceal sib gemænum;* ib. 17,84 *unc sceal worn fela mapma gemænra sipdan morgen bid.* Hier steht *sculan* zugleich mit einem Dativ der Person (Ziel der Nötigung).

b. *sculan* steht mit einer adverbialen Bestimmung der Richtung („wohin" und auch „woher"). Bo. 132 *swa swa oferdruncen man wat pæt he sceolde to his huse and his reste.* C. P. 387,14 *dæt hie forgieten hwider hie scylen.* Bed. 283 o. *For oft donne hy witodlice geseop pæt hy sceolon to reste*

Or. 286,20 *þæt he nyste, hwær he ut sceolde.* Beow. 2817 *ic him æfter sceal* ib. 3178 *þonne he forð scile* ib. 1179 *þonne ðu forð scyle metod-sceaft seon!* Gen. 732 *ac hic to helle sculon on þone sweartan sið.* Jul. 699 *min sceal of lice sawul on sið fæt.* Jul. 701 *of sceal ic þissum.* Dom. D. 93 *to sculon clæne womma lease.* Leef. 74 *ær he on weg scyle.* Metr. XX, 240 *fordæm hi hider 'of þe æror comon sculon eft to þe.*

Dass *sculan* in der Bedeutung „als Schuld, als Verpflichtung zukommen, nötig sein" auch auf ein Ziel, eine Richtung dieser Pflicht deuten kann, lassen die Beispiele in B 1 s. 3 ersehen. Der hier vorangestellte Fall lässt auch noch die Bedeutung des „sich Gebührens, sich Gehörens" erkennen, dessen Ziel die lokale Bestimmung angiebt. Es handelt sich nun in allen angeführten Beispielen um eine Bewegung. Klar genug ist diese aber ausgedrückt durch das Adverb der Richtung, welches dem in *sculan* liegenden Moment des Nötigseins eben ein Ziel (auch einen Ausgangspunkt) setzt, das nur durch eine Bewegung erreicht (resp. verlassen) werden kann: *sculan* mit dem Adverb der Richtung zeigt ein für das Subject ernötigtes örtliches Ziel an. Welcher Art die Bewegung zur Erreichung des Zieles sei, darauf kommt es nicht an. Es tritt oft als gleichgültig in den Hintergrund, wenn der Zusammenhang auch auf die bestimmte Art hinweisen könnte; oft aber lässt sich überhaupt nichts Bestimmtes darüber sagen. — Hat nun aber die Ellipse eines Infinitivs wirklich statt, so wird man häufig doch nur an eine Auslassung der Bezeichnung einer solchen Bewegung denken müssen, die ganz allgemeiner Natur, wie etwa „gelangen" ist. Wenn man hier eine bestimmte Wahl träfe, so nähme man dem Gedanken die Weite, die ihm gegeben wurde, weil man zu einer engeren Fassung in keiner Weise veranlasst war (vgl. auch E. Weber (a. a. O. s. 15).

Ein Fall, in dem man geneigt sein könnte, *weordan* zu ergänzen, sei hier angeführt, da auch hier gewissermassen ein Ziel der Ernötigung genannt wird. Red. d. Seel. 24 *nu þu on cordan scealt wyrmum to wiste* (nun bist du ernötigt den Würmern zum Futter).

c. Von einer Ellipse ist wohl unzweifelhaft zu reden in folgendem Falle: C. P. 293,20 *hie wiellad griellan oðre menn to þæm þat hie niede sculon.* Sweet übersetzt: *they try to provoke others and compel them to strife.* — Es ist ein verbaler Ausdruck von der Bedeutung *sich* (wie *sculan* schon besagen mag: *nach ihrer Absicht) in einen Streit einlassen* zu ergänzen. Diese Ellipse, oder ähnliche elliptische Wendungen, sind auch im volkstümlichen Nhd. zu beobachten: *Er quälte mich so lange, dass ich endlich musste* (sc. auf sein Verlangen eingehen). *Er wird dich so lange reizen, chicaniren, provoziren, dass du endlich musst* (sc. gegen ihn vorgehen, reagiren). Besonders im Plattdeutschen ist ein solcher Gebrauch häufig.

C. P. 247,23 heisst es: *Hwæt sceal ic donne buton hliehhan dæs?* Hier kann *hwæt* als allgemein bezeichnender Accusativ zu *sculan* gefasst werden, und dann haben wir einen ähnlichen Fall wie in I A 2, s. 1, nur dass die Bedeutung von *sceal* die der natürlichen Folge aus der Lage der Dinge *(dæs)* oder auch vielleicht der Bestimmung (auf die Frage) ist. Andererseits aber kann man auch wohl die Auslassung des Verbums *don* annehmen, welches die Thätigkeit allgemein bezeichnet, und dann wäre *hwæt* Accusativobject zu *don*.

2. Der fehlende Infinitiv ist zu entlehnen.

a. innerhalb desselben Satzgefüges

α. in einem Relativsatz aus vorangehendem Hauptsatz. Guthl. 1258 *Bad se þe sceolde eadig on elne endedogor awrecen wælstrælum.* C. P. 323,9 *fordæm ge dæt an worhton dæt ge niede sceoldon.*

β. in einem mit *ponne* eingeleiteten Vergleichungssatze aus dem vorangehenden Hauptsatze C. P. 302,13 *swidur dreatiad, donne hie sceolden;* ib. 302,14; 165,21. Andr. 962 *ic worda gespræc minra for meotude ma ponne ic sceolde.*

γ. in einem mit *swa* eingeleiteten Modalsatz aus dem vorangehenden Hauptsatz. Beow. 455. *Gæd a Wyrd, swa his seel!* Hymn. 3,43 *do, swa ic ne sceolde* Beow. 2585.

δ. in einem conditionalen Nebensatz aus dem vorangehenden Hauptsatz. C. P. 59,9 *dæt he da cræftas hæbbe de we ær bufan cwædon, dæt he donne to foo, gif he niede scyle.*

Ein besonderer Fall ist hier derjenige, dass im Nebensatze das verknüpfende *swa* bereits auf Sinn und Begriff des Verbums im Hauptsatze zurückweist, es denselben also im Nebensatze stellvertretend zum Ausdruck bringt, so dass nur ein Verbum allgemeiner Thätigkeit von der Bedeutung *geschehen, thun,* oder auch das Verbum substantivum zu ergänzen ist. C. P. 253,11 *dæt hi donne her on worulde doligen earfedu dæm timum de hie dyrfen, swa swa mon sceal on eldiode.* — C. P. 197,9 *ond hine for Godes ege weordigen swa mon hlaford sceal* (hier deutet *swa* nicht etwa die Art und Weise der Verehrung an). El. 838. *hie wid godes bearne nid ahofon swa hie ne sceoldon.* ib. 896. *pa wæs pam folce on ferhd sefan ingemynde, swa him a scyle.* Sat. 412. *pa wit Adam twa eaples pig don purh næddran nid, swa wit na sceoldon!* — *swa* weist hier natürlich nicht allein auf das Verbum, sondern auch auf dieses in Verbindung mit seinen näheren Bestimmungen zurück.

willan.

Die ursprüngliche Bedeutung des „Strebens und des Wählens" (s. Skeat, Etymological Dictonary s. 711) giebt sich je nach der verschiedenen Veranlassung in verschiedener Weise kund. Die Bedeutungsentwicklung von *willan* ist hauptsächlich in I dargelegt. — Mit *willan* und dem abhängigen Infinitiv ist nun (wie bei *sculan*) auch entweder das blosse Wollen der im Inf. genannten Thatsache oder die durch ein Wollen selbst herbeigeführte Thatsache gemeint. Fälle letzterer Art kommen hier zu besonderer Geltung, sie sind daher in einem besonderen Abschnitt (II) genannt. Die Einteilung ist im Ganzen nach den verschiedenen Arten, in welchen das Hilfsverbum auftritt, geschehen. Das Begriffsverb stimmt in seiner Bedeutung mit jenem in den verschiedenen Fällen überein und ist daher mit ihm zusammen genannt.

I. willan mit nachfolgendem Infinitiv deutet auf das blosse Wollen einer Handlung.

A. willan bedeutet begehren, wünschen, verlangen. Das hier bezeichnete Streben ist Ausfluss eines Gefühls.

1. **Der Wortbegriff von willan allein hat dem Wunsche u. s. w. Ausdruck zu geben.**

   a. Allgemeinere Fälle.

   willan ist Begriffsverb und hat als Object:

   α. ein Substantivum: Vs. Ps. 33,13 *mon se wile lif* (Übersetzung des lateinischen: *homo qui vult vitam*).

   β. *pæt*, als substantivisches Relativpronomen gebraucht. C. P. 407,34 *da afyrdan, da de behealdad minne ræste dæg ond geceosad dæt ic wille, ond minne freondscipe gehealdad..* (*et elegerint, quæ volui*).

   γ. einen Satz. Sal. u. Sat. 253 *wilt þu þæt ic þe secge . . .?* Guthl. 636. *Wendun ge and woldun widerhycgende þæt ge scyppende sceoldan gelice wesan in wuldre.* Andr. 1074. Bo. 194 u. *forþy ic wille þæt þu wite þæt se cwide swide fæst is on minum mode* (*ut cognoscas*) C. P. 117,7; 237,8; 347,18. Guthl. 375. O. E. T. s. 452, Aelfred 44.

   willan ist Hilfsverbum:

   α. Bo. 62 o. *Gif þu de wilt don manegra beteran ond weorþran* (*cupis*) ib. 24 m., 164 o. C. P. 536 *Ac da de willad gripan on swelcne folgad for hiera gitsunge* (*Plerumque vero qui præesse concupiscunt*) ib. 363,16; 385,27; 425,1. Bed. 367 u. *wolde ic sprecan wid done arwurþan fæder Acþehvald* (*loqui desiderans*) ib. 32 u.; 298 u.; 320 u.

   β. *willan* ist hier im Besondern mit einem der beiden Infinitive *agan* und *habban* verbunden, wodurch ein Begehr nach Erlangen und Besitz eines Dinges trefflich zum Ausdruck kommt. Bo. 66 u. *þe micel agan willaþ.* ib. 164 u. *de se fullice anweald agan wille* (*Qui se volet esse potentem*). Cr. 1579 se *pe agan wile lif æt mcotude.* Metr. XVI, 1 *Se pe wille anwald agan.* ib. X, 2. Gen. 1828; Bo. T. C. VII. — C. P. 45,6 *de hit him anum wile to gode habban* ib. 9,6; 57,4. El. 621. *Gif pu in heofonrice habban wille eard mid englum ond on cordan lif.* Beow. 446. *ac he me habban wile.* S. Chr. 877. Bo. 64 o., 176 m.

b. *willan* findet sich, auch wohl zur Bezeichnung des Wunsches, in einem von einem Ausdruck des Wunsches abhängigen Beisatz: Bed. 320 u. *wilnode panon gif he meahte, pæt heo wolde hire epel forlætan (desiderans .. derelicta patria — provenire).*

c. Durch verschiedene sprachliche Mittel, welche selbst auch dazu dienen, einem Wunsche Ausdruck zu verleihen, wird die durch *willan* gegebene Bezeichnung des Wunsches verstärkt.

α. *willan* findet sich im präsentischen Conjunctiv des Wunsches. — Es ist Begriffsverbum. Guthl. 195. *willen pæt him dryhten purh deapes cwealm to hyra earfeda ende geryme.* Aelfr. dom. Einl. 49 § 5.

β. *willan* findet sich im Präteritum. Ob immer im Präteritum Conjunctivi des Wunsches muss mir zweifelhaft erscheinen, da die Pluralformen, die allerdings nicht als unbedingt entscheidend angesehen werden können, immer auf *-on* endigen. Da *willan* allein schon den Wunsch ausdrückt, so mag auch die Verstärkung durch das Präteritum, welches auf das noch nicht Thatsächliche, erst zu Verwirklichende der Handlung hinweist, genügen.

willan ist Begriffsverbum. Das Object ist ein Satz. *willan* findet sich hier nur in der 1. Ps. Bo. 32 m. *Swa ic wolde, la Mod, pæt pu pe fore up to us (Ascende si placet)* ib. 210 m. ib. 330 u. *Ac ic wolde get pæt pu .... gereahte (quaeso uti ... edisseras)* ib. 28 u. *Ic wolde nu get pæt wit mare spræcan ymbe pa woruld sælda (Vellem ... verbis agitare).* ib. 18 m. *Ac ic wolde pæt pu me sædest hwæper ... Sed hoc quoque respondeas velim.* — Wie in dem lat. *velim*, so liegt auch in dem conjunctivischen *wolde* zugleich ein höflicher, bescheidener Ausdruck des Wunsches. — ib. 196 o., 222 m., 258 u. *ond* (sc. *we*) *woldon pæt hit wurde to nytte dam geherendon.* — Or. 40,23. El. 1080 *Wolde ic, pæt pu funde.*

— Eine Ellipse des Subjectes *Ic*, die im Ne. auch bei *would* statt hat (Mtz. II³ s. 30) findet sich Bo. 142 m. *Ac wolde witan hu pe puhte be pam monnum de wit ær cwædon . . . willan* ist Hilfsverbum. Es kommt in allen Personen vor. Bo. 272 u. *Ac ic de wolde get be ægprum dara hwæt hwegu sweotoler gereccan (alter utro calle procedam)* ib. 186 o., 220 o., 218 u., 208 m., 118 m., 304 u., 246 o. *ic wolde get his mare æt de geheoran (audire desidero).* Andr. 478 *wolde ic freondscipe peode prymfæst, pinne . . . begitan.* Metr. X, 3. Or. 100,10. — Bo. 178 m. *ond ponne woldest geornlice æfter Wisdome spyrigan;* 176 m. *du woldest nu beon foremære on weorpscipe? (dignitatibus fulgere velis?)* — In Verbindung mit habban (siehe s. 56 β): Bo. 92 u. *forpam wilnigap monige men anwcaldes de hie woldon habban godne hlisan (gloriae cupido)* 102 o.; 128 o. *forpam dæt hi woldon dy maran anweald habban (appetunt)* 186 o., 228 o.; Bo. 304 u. steht *wolde* mit *gewiscan: peah ic wolde gewiscan.*

γ. In einem Nebensatz nach einem Ausdruck des Wunsches findet sich *wolde* Metr. XIII, 69 *Nis nu ofer cordan ænegu gesceaft pe me wilnie pæt he wolde cuman to pam earde pe he of becom (cupientes).*

δ. Gleichsam als wenn *willan* nicht ausreichte, um einem dringenden Wunsche Ausdruck zu verleihen, ist ihm das stärkere *wilnian***) coordinirt und nachgesetzt. Auch wohl die Allitteration hebt hier die Stärke des Ausdrucks. Bed. 227 m. *woldon hi ond wilnedon æt heora fæder lice oppe Gode lifian . . . oppe forpferende pær beburigede beon (cupientes ad corpus sui patris aut vivere . . . aut morientes sepeliri).*

ma willan und *geornor willan* in der Bedeutung *lieber wollen* mögen hier auch angeführt werden. Ein Wunsch spricht sich hier schon weniger aus, als ein „Geneigtsein", eine Bedeutung, die in der folgenden Gruppe B genannt wird. — *willan* ist Hilfsverbum: Bed. 442 m. *ma woldon of pære stope gewitan ponne hi woldan rihte Eastran healdan (maluerunt loca cedere quam Pascham catholicam recipere)* Or. 122,9 *Geornor we woldon, cwæd Orosius, iowra Romana bismra beon forsugiende ponne secgende (Quid de exaggeranda hujus foederis macula*

---

*) wilnian wie willan stehen überhaupt häufiger als das transitive willan, wie auch öfter in Verbindung mit dem Inf. zur Bezeichnung eines Wunsches.

verbis laborem qui tacere maluissem?) — Das Begriffsverb mag im folgenden Fall hierherzurechnen sein: Or. 96,18 *þæt he geornor wolde sibba wið hiene ponne gewinn.*

B. willan bezeichnet nur das Belieben, die Lust, die Neigung.

Ein Wählen und ein Streben tritt nicht mehr so stark hervor wie in A, doch entfernt *willan* sich in dieser Bedeutung von der ursprünglicheren und intensiveren besonders erst in II, wo es nicht nur die Neigung, welche in geistigen Zuständen ihren Ursprung hat, bezeichnet, sondern auch das Geneigt-, Disponirt- und Angethansein bei körperlichen und abstracten Dingen.*)

willan ist Hilfsverbum. Vorzüglich steht es in Sätzen verallgemeinerten Sinnes. Bo. 360 u. *ða cwæþ ic: Spræc þæt ðu wille* (*ut placet inquam*. ib. 334 m. *ða cwæþ ic: Do swæper þu wille* (*Ut libet inquam*) ib. 16 u. *Cunna, swa þu wille* (*quae voles*) ib. 36 o. *Andwyrde unc nu cweað se Wisdom swa swa þu wille* ib. 254 u. *ða cwæþ ic: Do swa swa ðu wille.* (*Tuo inquam arbitratu*) ib. 188 m. Bed. 423 u.; 264 u.; 312 u.; C. P. 327,17 *don siddan swele yfel swelce hie willen* (*arbitrentur se posse inulte peccare*) Sal. u. Sat. 294 *lissed eal þæt hep wile* Bo. 232 u. *Nim ponne swa wudu swa wyrt swa lœeper swa ðu wille of pære stowe pe his eard . . biþ on to weaxanne.* 355 m. *end to me sprece swa hwæt swa þu wille.* Bo. 274 u. Or. 290,14 *dod nu swa ge willen.* Wand. 14 *hyege, swa he wille.* Bo. 284 u. *gif hi fulne amweald habbaþ hi magon don to gede þæt hi willaþ.* Räts. LX, 16. *Rede, se þe wile.* Ex. 7. Metr. Vorrede 10. *hliste se þe wille!* Ps. 93,7.

---

*) In dem folgenden Falle (Ellipse des Inf. nach V A) mag bei einer Personification des Subjectes die Bedeutung der geistigen Neigung statt haben: Seef. 99 *feah he græf wille golde stregan bropor his geborenum byrgan be deadum mapmum mislicum, þæt hi ne mid wile: ne mæg pære sawle pe biþ synna ful, gold to geoce for godes egsan.* (Das „*mid*" der Begleitung steht hier mit vorangehendem Accusativ.)

C. willan bedeutet beabsichtigen, im Sinne haben, entschlossen sein.

Das Entschlussvermögen, die Verstandeskräfte lassen hier vor allem ein Bestreben entstehen. Wenn in einzelnen Fällen die ursprüngliche Anregung auch im Gefühl liegen mag, so ist hier der Entschluss doch erst immer der massgebende Beweggrund, vermöge dessen das in Aussicht genommene Betreiben der Handlung geschehen kann.

willan ist Begriffsverbum.

α. Das Object zu *willan* ist ein Substantiv. Ps. V. 3 *Forpon ic to sode wat, pæt pu unriht ne wilt ænig. dryhten.* ib. 119,2 *Alys mine sawle of pam wellerum, pe wom cwedcn. and from pære tungan. pe teosu wylle.* Bed. 422 m *cwæd dæt he nolde dæs synfullan ded (se nolle mortem peccatoris).* Auch Vs. Ps. 5,5 einem lat. velle gegenüber: *ne wellende god unrihtwisnesse (non volens Deus iniquitatem);* ib. 34.27. — Bo. 268 o. *nu we witon pæt he hit wat ond ele god wile (omnia sed bona tantummodo volentis).* ib 86 m. *forpam peah he ær yfel wolde ponne nyste he hu he hit swa fullice gecypde.* — In den beiden letzten Beispielen steht *willan* mit den substantivisch gebrauchten Adjectiven *god* und *yfel.* So auch Bo. 304 *Hit is swipe yfel pæt mon yfel wille (prava voluisse)* Dem lat. *bene velle* findet es sich mit dem Adverb *wel* gegenüber Bed. 398 o. *da da we wel noldon (cum nos ipsi bene velle nollemus);* ib. *pæt wel we noldon (ut bene velle velimus);* ib. *Nu we wel willap (Nunc cum bene volumus).*

β. das Object ist ein Pronomen. Bed. 45 o. *dæt pæt pu wylt, pæt du lufast, pæt pæt du nelt, pæt du ne lufast (quod vis; . . . quod non vis . . .)* Metr. XI, 15 *pa pa he wolde pæt pæt he wolde.* Gen. 1903. Bed. 49 m. *durh pone willan heo wile swa hwæt swa hire licad (per voluntatem quidquid lubet vult)* ib. 183 o.; ib. 446 m. *pæt ic wolte hwæt God wylle hwæt be me geweorpe (quid de me fieri velit).* ib. 427 u. — Ps. 118,22 *odde ic oferhydige awiht wylle.*

γ. das Object ist ein Satz. C. P. 267,19 *ond wolde dæt hie wurden to golde oud to scolfre (et argentum illos vel aurum fieri quaesivi)* ib. 187, 10 *wile dæt he hit gefrede ær he hit geseo (ut secantem gladium sentiret aeger, antequam cernerct)*

Cr. 1203. Guthl. 324, 439. Gen. 99. Dan. 83. Guthl. 378. Metr. XXI, 34. Or. 46,3; 168,16. O. E. T. s. 447, Abba 6. — In allen angeführten Stellen sind das Subject des Haupt- und dasjenige des Nebensatzes verschiedene Personen.

willan ist Hilfsverbum.

a. Allgemeinere Fälle:

1. Ps. Präs. Gen. 761 *Nu wille ic eft pam lige near, Satan ic pær secan wille.* ib. 2410, 2712; Beow. 344 *Wille ic asecgan suna Healfdenes, mærum peodne, min ærende.* ib. 351; Räts. L, 9 *Ic pæt cyn nu gen nemnan ne wille.* C. P. 7,25 *ond to ælcum biscepstole on minum rice wille ane onsendan.* Bed. 64 u. — 2. Ps. Präs. Gen. 1918 *on hwilce healfe pu wille hweyrft don cyran mid ceape* Metr. XX, 45. — 3. Ps. Präs. C. P. 125,11 *dis is dearf dæt se de wunde lacnigan wille, giote win on*; Cr. 319; Ex. 527; Gen. 2661. Bed. 139 u. *nc wile he pe æwiht lapes gedon ac he ma wile his treowe ond his gehat wip de gehealdon ond pe feorh hyrde beon (nec tibi aliquid mali facere sed fidem potius pollicitam servare disponit).* Weitf. 13;. 140. Cr. 1074. Vat. L. 68. — Präteritum. Bed. 186 u. *da he da com to dam men de he secan wolde (atque ad hospitium quo proposuerat accessit)* ib. 137 m. *da code he to his inne dær he hine restan wolde (intravit cubiculum quo dormire disponebat)* Dan. 247; Cr. 85. Gen. 1265; 2047 *wolde his mæg huru Loth alynnan of ladseipe.* Gen. 256. C. P. 33,14. Or. 80,29; 138,13; 206,34.

b. Besondere Fälle:

α. Besonders zu erwähnen (auch in Betreff futurischer Umschreibung besonders herauszustellen*) sind die Fälle, wo ein Autor mit *willan* sein Vorhaben kund giebt (vgl. *Ic sceal* s. 26 d) *willan* findet sich hier in der 1. Ps. Sg. und Pl. — Or. 110,10 *nu ic wille eac pes maran Alexandres gemuncnde beon (colligam)* ib. 26,28 *Nu wille we secgan ymb pa ygland pe on pa[m] Wendesse sindon (Nunc insularum loca et nomina et spatia dimetiar)* ib. 22,1 *Nu wille secgan be sudan Donua pære ca ymbe Creca land, hu hit lip (Nunc expediam)* Bed. 334 o. *Nu wille eow secgan (nunc autem dicemus)* ib. 312 m. *We wyllap nu æwritcn deah de hit wundorlic sy be pære halgan*

*) Siehe IV B 1 β.

Aepeldrype pam Engliscau mædeue (Scribemus). Or. 14,26 *nu wille we ynbe Europe londgemærc arecceau (pervagabor).* — Or. 60,9 *pæt ic wille eac gescadwislicor gescegean pæt hit mou georuor ougieten nægē (curabo expedire).* Bo. 118 u. *Ac ic pe wille uu secgan hwele se læcceræft is minre lare (desiguare verbis couabor)* — Or. 42,7 *Eac ic wille geswigian (Nec mihi euumerare opus est).* ib. 42,17. Metr. 13,1. Bed. 412 o. *dara sume we her hrædlice arecceau oud writau wyllap (aliqua perstringeuda esse putavi).* Or. 250,28; ib. 14,5 *nu wille we fon to hire norddæle (supcrest ut)* Bed. 376 u. *we willap habbau.. (habere volumus).*

β. In der 1. Person steht *willan* häufig bei Verben des Mitteilens und Sagens, auf welche die Mitteilung dann in directer oder indirecter Rede folgt. Durch *willan* wird das Moment des Versicherns u. s. w., welches schon in der besonderen Ankündigung der eignen Rede liegt, noch mehr hervorgehoben. Andr. 458 *ic eow to sode secgan wille pæt næfre forlæted lifgende god corl ou cordan;* El. 574 *Ic eow to sode secgan wille, pæt eow iu beorge bæl foruimed;* Guthl. 215; Gen. 465; Jul. 132. — Andr. 648 *Nu ic pe sylfum secgan wille or and eude; swa ic .... gehyrde: Oft gesamnodon side herigeas.* Säng. Trost 35 *pæt ic bi me sylfum secgan wille, pæt ic hwile wæs Heodeninga scop dryhtne dyre.* Beow. 1818 *Nu we sælidend secgan wyllad feorran-cumene.* C. P. 63,4. *ic wille him swide rede andwyrdan ond cwedan: Ne mæg ic . . . (protinus respondemus)* Ps. 65,4.

γ. *willan* steht in 3. Ps. in einem abhängigen Beisatz nach einem Verbum des Sagens und Mitteilens. Dieselbe Person ist Subject des Haupt- und Nebensatzes. Or. 136,14 *ac he sæde pæt he on African faran wolde.* ib. 194,11. Bed. 141 m. *Cwæd pæt he wolde mid his freoudum, mid his witum spræce ond gepæht habban (Verum ad huc cum amicis suis . . . esse de hoc collaturum condicebat)* ib. 138 u. *da answarede he ond cwæp pæt he eall god de he mihte . . . syllan wolde (se omnia quae posset . . . da turum esse respondebat)* And. 1657, 111. Ps. 110,4 *and to his fo . . . cwæd pæt he him wolde yrfe ellpeodigra on agene æht eall gesyllan.*

δ. *willan* steht nach Ausdrücken finalen Sinnes in 3. Ps. Das Subject des Haupt- und das des Nebensatzes sind dieselbe

Person. — Nach Ausdrücken des Gedenkens und Beabsichtigens. C. P. 419,2 *swa he gedoht hæfde ðæt he hi ondettan wolde.* Bed. 361 u.; ib. 400 u. *ond dohte on his mode, þæt he wolde monigum brycsian, þæt is þæt he wolde þæt Apostolice weorc onhyrian (proposuit animo pluribus prodesse)* ib. 439 u. ib. 377 o. *David se mæra cyning hæfde gemynt þæt he wolde þæt tempel aræran (in animo habuit velle se templum aedificare).* — Nach einem Ausdruck des Bezweckens Metra IX, 21 *þa he ne carnade elles wuhte buton þæt he wolde ofer werpiode his anes huru anwald cydan.* — Nach einem Ausdruck des Anordnens, des Beschliessens und Übereinkommens. Bed. 122 u. *ond gestighte don þæt hie þær woldon þære wisan ende gebidan (ibi rerum finem expectare disponentes).* ib. 439 u. *ond dohte ond foresette on his mode þæt he wolde cuman to Rome (proposuit animo venire Romam)* ib. 229 u. *se þe þæt on his mode gehogod ond geteod hæfde, þæt he wolde ealle his ðeode fram þam gingrum oppa yldran fordon ond fordilgian (qui delere decreverat)* Or. 280,20 *þa geweord hi him betweonum þæt hie woldon þa onwaldas forlætan.* ib. 204,19; 144,35.

In der 1. Ps. findet sich *willan* hier einmal Bed. 194 u. *Me is fæstlice in mode þæt ic wille mine leahter fulle de awas gesecgean (In est autem animo vitiosos mores corrigere).*

ε. *willan* findet sich im Finalsatz in der 3. Ps. Das Subject des Nebensatzes und das des Hauptsatzes sind dieselbe Person (vgl. dagegen *sculan* s. 16 dd). Or. 130,11 *frefelice hiene gesohte Minotheo, seo Scippisce cwen, mid prim hunde wifmonna, to þon þæt heo woldon wið Alexander ond wið his mærestan compan bearna stricnan.* Bed. 361 m. *da code des broþer sume dæge þæt he wolde his reowan hrœitlas da de on cumena bure bruccnde wæs on. sæ wacsan ond fcormian. (Hic cum quadam die lænas sive saga quibus in hospitali utebatur, in mare lavisset)* ib. 368 m.; 379 u. *He hæfde getacnunge ures hælendes Cristes sepe forþi astah of heofenum to pisum middan earde þæt he wolde mancynn gesibbian (qui descendit ut pacem humano generi redingeret);* ib. 419 o.; 307 u. *ond seo Abbadisse in þæt geteld code ond feawa men mid hi. þæt þæt hi da ban woldon up adon ond onþwean (ossa elatura et dilatura);* ib. 421 o.

In der 1. Ps. einmal 418 o. *to don ic þæt dyde þæt ic wolde geacsigan ond gewitan hwæt he de don sceolde* (*ad hoc feci ut quid de te fieri deberet agnoscerem*).

ζ. *willan* steht in gleicher Weise nach Ausdrücken des Erbietens Or. 72,29 *pa gebeotode an his degna þæt he mid sunde pa ea oferfaran wolde.* ib. 144,30. Bed. 440 *ond him eac swylce gebead þæt he him wolde syllan to healdenne ond to reccanne micelne dæl Gallia rices, ond him wolde his bropor dohtor fæmne to wife gesyllan* . . . (*offerebat, ut committeret*). Beow. 482.

η. *willan* findet sich in einer Drohung oder einem Versprechen und Gelübde. Das Subject des Satzes mit *willan* ist diejenige Person, von welcher die Drohung ausgeht.

aa. *willan* steht in directer Rede. — Verheissung, Gelübde. Gen. 2356 *Ic Ismael estum wille bletsian nu swa pu bena eart pinum frumbearne.* Ps. 61,1 *Ic mine sawle symble wylle full glæwlice gode underpeodan.* Gen. 1751; 1788; 2364. Guth. 1237 *ac ic sibbe wid pe healdan wille* ib. 689; Beow. 947; Bed. 77 o. — Drohung Guthl. 559 *We pe nu willad womma gehwylces lean forgieldan.* Gen. 1296 *Ic wille mid flode folc acwellan and cynna gehwile cucra wuhta.* O. E. T. s. 449 *Badanod* 4.

bb. *willan* steht nach einem Ausdruck des Versicherns, Verheissens u. s. w., meistens in indirecter Rede. — Gelübde Dan. 316 *þu him þæt gehete þurh hleod orewyde, þæt þu heora from cyn in fyrndagum ican wolde.* Bed. 129 u. *da gehet he sona þæt he naht widerweardes don wolde dam Cristenum geleafan* (*promisit se nihil esse facturum*) Bed. 138 u. ib. 176 o.; 375 u.; 258 o. *oppe heora treowe sealdon, þæt hi riht mid him healdan woldon oppe ham to heora edle hwcorfan.* Or. 66,11 *ond him gehet dæt he his rice wid hine dælan wolde* ib. 82,11; 108,17. Byrhtn. 246. C. P. 465,24. Or. 50,11 *ond him betweonum gesworan þæt hic noldon nœfre on cyppe comon œr* . . . ib. 56,19; 70,15. — Drohung Bed. 415 o. *ond me nyrwedon ond me to beotodan þæt hi me mid dam gegripan woldon* (*Forcipibus* . . . *minitabantur me comprehendere*) Or. 72,31.

D. Fälle, in denen in gleich deutlicher Weise ein Anteilnehmen seitens des Gefühls wie des Verstandes an dem durch willan ausgedrückten Streben vorhanden ist.

1. Allgemeinere Fälle: Gen. 2312 *gif þu wile on me hlaford habban*. Gen. 2679 *þu ellpeodig usic woldest on pisse folcsceare facne besyrwan*. And. 1394 *woldon aninga ellenrofes mod gemiltan*: *hit ne mihte swa*. ib. 129; 1462; Guthl. 546; El. 971; Gen. 2683 *woldest ladlice purh pæt wif on me wrohte alecgean ormæte yfel!* Bed. 38 o. *Gif þu pæs ecan lifes gesælpa habban wylt, donne ne scealt þu* . . . ib. 33 o.; 122 o.

2. Das Bestreben ist ein aus innerstem Drang des Subjectes hervorgehendes, zu dessen Ausführung dasselbe auch entschlossen ist. *willan* steht in der 1. Person. Guthl. 591 *Ic pone deman in dagum minum wille weordian wordum and deadum, lufian in life*. (Ein Geloben hat hier, wie in verschiedenen anderen Fällen, auch zugleich statt.) Bo. 10 o. *forpam ic nu wille geornlice to Gode cleopian*. Cr. 517 *We mid pyslice preate willad ofer heofona gehlidu hlaford fergan to pære beorhtan byrg mid pas blidan gedryht*. Beow. 2148 *da ic de beorncyning bringan wylle estum geywan*. Beow. 947 *Nu ic, Beowulf, pec secg betsta, me for sunu wylle freogan on ferhpe*. ib. 2512.

3. In der 1. Ps. findet sich *willan* mit *biddan* verbunden, auf welchen Ausdruck in directer oder indirecter Rede der Inhalt der Bitte folgt (vgl. *secgan* u. s. w. s. 62 β). Auch hier spielt neben dem Moment der Absicht ein solches des Gefühls mit. Jud. 84 *Ic pe frymda god and frofre gæst bearn alwaldan biddan wille miltse pinre me pearfendre*. Beow. 427 *Ic pe nu — da brego Beorht-Denan, biddan wille, eodor Scyldinga, anre bene, pæt du* . . ., Jud. 106. El. 814. And. 474 *Ic wile pe, eorl unforcud anre nu gena bene biddan*: *peah ic pe beaga lyt sincweordunga syllan mihte*.

*4. *willan* findet sich hier auch im Beisatz nach Ausdrücken des Strebens und Eiferns. Or. 286,2 *pa wæs he sona geornfull pæt he wolde diegellice pone cristendom onwendan*. Bo. 170 o. *ond fordæm higap eallon mægene pæt he wolde para betstena sumes deawes and his cræftas gefon*.

E. willan

bezeichnet eine Reaction auf fremde Initiative, die Bereitwilligkeit, auf eine fremde Anregung und Forderung (Verlangen einer andern Person oder auch Anforderungen anderer Art) einzugehen. *willan* ist hier in seiner Bedeutung mit demjenigen der Neigung verwandt. Zu der Neigung, auf eine fremde Anforderung einzugehen, gesellt sich aber auch meistens der Entschluss zu dieser Handlung. — Zuweilen tritt noch ein Ausdruck hinzü, welcher die Neigung oder Bereitwilligkeit im Besonderen nachdrucksvoll bezeichnet.

α [1]. Bejahende Fälle. Gen. 559 *Gif pu peah minum wilt wif, willende wordum hyran.* Gen. 2480 *wilt pu, gif pu most, wesan usser her aldordema leodum lareow?* C. P. 255,22 *Baloham donne fulgeorne feran wolde dær hine mon bæd.* Guthl. 251. *We pe beod holde, gif pu us hyran wilt.* Bed. 218 m. *he lustlice wolde Cristen beon.* 195 u. *ne hi gemetton nænne de him da ele syllan wolde.* ib. 218 o. Guthl. 575 ,*and him geornlice gæstgemyndum wille wideferh wesan underpyded.* Bed. 273 o. *ond ewædon pæt him ealle da wel licodon ond hie ealle da blide mode lustlice healdan woldan* Bed. 141 m. *pæt gif hi mid hine pæt gepafian woldon pæt hi ealle ætsomne on lifes willan Criste gehalgode wæron* Bo. 32,

α [2]. Verneinte Fälle. Bed. 37 m. *ond nolde hine ameldian dam manfullum ehterum* C. P. 275,10. Bed. 189 m. *da ne woldan pa hiwan de on dam mynstre wæron him lustlice onfon.* ib. 261 o. *da ne wolde he him niwne bisceop halgan.* Bo. 84 u. *pæt gecynd nyle næfre nanwuht wiperweardes lætan gemengan (natura respuit ut contraria quaeque jungantur)* Bed. 382 u.; ib. 39 u. *done sopfæstan cempan, pe nolde beheafdian pone halgan wer.* And. 402. Gen. 328 *noldon alwealdan word weordian* ib. 2263. Dan. 189. Ex. 323. Räts. XXXXV, 11. Beow. 2476. Or. 126,8 *ah him nolde Alexander pæs getyepian.* ib. 218,23; 190,33; Ines 8, Withr. 4; Dsp. II, 68.

β. *willan* steht hier auch in einer Bitte, auf die gewünschte Bereitwilligkeit der Person, an welche die Forderung gestellt ist, hinweisend. — Gen. 2673 *Mago-Ebrea! pæs pu me wylle wordum secgean: hu geworhte ic pæt . . .* — Nach einem Verbum des Bittens habe ich *willan* nicht gefunden. Im Me.

kommt es vor. So bei Mandeville (Voiage), Spec. of Earl. Engl. s. 171,40: *But whan he saugh that he myghte not don it, ne brynge it to an ende, he preyed to God of Nature, that he wolde parforme that that he had begonne.**)

γ. Der Satz mit *willan* hat den Charakter eines Versprechens oder einer Ablehnung. — In directer Rede steht *willan* C. P. 399,30 *dinre bene i wille nu onfon.* — Gen. 291 *ne wille ic leng his geongra wurdan!* — Nach Ausdrücken des Versprechens und anderen, meistens in indirecter Rede steht *willan:* Bed. 139 o. *ac sona gehet pæt he wolde on eallum pingum him gehyrsum beon ond his lare lustlice onfon.* ib. 200 u.; 131 u.; 136 u.; 407 o. *him wæs behatende pæt he hi wolde to his ealdormen onsendan, swa swa hi bædon.* 132 o. *to wedde gesealde, pæt he pæt gehat gelæstan wolde* ib. 459 o.; ib. 32 u. *ond he openlice sæde pæt he his bebodum hyrsumian ne wolde.* ib. 37 u. Or. 146,52.

F.

Es mag zuletzt noch bemerkt werden, dass ein *willan* der Gruppen C (s. 60) und D (s. 65) dann gebraucht ist, wenn es sich nicht mehr um das blosse Erwünschen, Beabsichtigen u. s. w. der im Infinitiv genannten Thätigkeit handelt, sondern um ein **thatsächliches und ins Werk gesetztes Erstreben und Vorbereiten derselben.****) C. P. 371,9 *dætte donne donne hic da untruman lacnian willad (ut cum medicamina aegris apponunt)* Bed. 298 o. *ond he gelice dy troiescan wæle calle da land bigengan wolde ut amæran ond his agenra leoda mannum gesettan (ac tragica caede omnes indigenas exterminare ac suae provinciae homines pro his substituere contendit)* ib. 203 m.; ib. 365 m. *tiloden his læcas ond done swile mid scalfum ond mid bepenum gepwænan woldon, ac hi ne mihton.* C. P. 367,1 *ond hira agen unryht willad mid dy getryman (student... destruere)* Or. 216,22 *pa woldon pa opre calle hieue æmne ofslean oppe gebindan. pa slog heanes monnes hors mid his sweorde****) (Sie machten Anstalt, und da schlug er)

---
*) Auch Hennicke a. a. O. s. 27 führt mehrere Beispiele an.
**) Zu unterscheiden hiervon sind die Fälle „im Begriff stehen" siehe B 7.
***) Dies Beispiel nähert sich denjenigen in B 7.

Or. 288,12 *ond he het ofslean Percopiosus þe þa ricsian wolde and monege oðre mid him* (*Procopium tyrannum pluresque satellites ejus occidit*) Sat. 256. Guthl. 546. *Woldun hy geteon mid torncwidum earme aglæcan in orwennysse meotudes cempen: hit ne meahte swa.* — Auch in dem folgenden Falle, wo eine Sache Subject ist, handelt es sich um ein thatsächliches Streben und Hinzielen auf die im Infinitiv genannte Handlung. Metr. XX, 93 *Hwæt! þu þæm wættere wætum and cealdum foldan to flore fæste gesettest, forþæm hit unstille æghwider wolde wide toscridan wac and hnesce.*

II. willan mit nachfolgendem Infinitiv bezeichnet eine Handlung als in Folge eines Momentes des Wollens hervorgerufen und herbeigeführt.

willan tritt hier in Fällen auf, in denen ihm die nähere Bedeutung der Absicht, meistens der Neigung und des Bereitseins, zukommt. In der Bedeutung der Neigung, welche ja auch in derjenigen der Bereitwilligkeit mitspielt, erweitert es sich zu der Bezeichnung einer Disposition des Subjectes überhaupt, die in geistigen Eigenschaften und Umständen (Charakter u. a.) oder auch in körperlichen, ja in den Verhältnissen des Subjectes überhaupt beruhen kann. So kann *willan* auch endlich von Sachen gebraucht werden.

1. Allgemeinere Fälle:

C. P. 291,24 *Titum he wolde onælan mid ryhtwislicum andan, Timotheum he wolde gemetgian.* (*Illum per acmulationis studium inflammat hunc per lenitatem patientiae temperat*). ib. 207,18. *Ic com suide gefeonde on Dryhten dætte ge æfre woldon ænig wuht eow selfum wietan ær ic hit eow wite* (*quoniam tandem aliquando refloruistis pro me sentire sicut et sentiebatis*) ib. 347,18 *Oft eac donne hwone mare wisdom uparæd donne oðre menn donne wile he hiene ascadan from oðerra monna geferrædenne* (*Saepe vero dum quosdam major scientia erigit a ceterorum societate disjungit*) ib. 145,1 *ond hie næfre bihwitlice willad monigean* (*admonent*). Zu diesem Beispiel bemerkt Sweet bereits (C. P. Introduction s. XII): willan gives no sense of futurity: it is entirely „otiose". — Bed. 267 m. *da spræcon hi be life haligra fædera swa swa halige menn gedafenode ond dæt eac onhyrian wolde (atque hanc aemulari gauderent)*. Hier ist noch deutlich die Bedeutung des Geneigt- und Bereitseins vorhanden — ib. 179 m. *da pa he sylf gemedemode pæt he wolde gebigan his halige heafod to his deowan handum (dignatus est dimittere — es geschah)*. 123 u. *þor hwon he pæt Godes eowde forlætan wolde (qua re gregem relinqueret)*. Guthl. 441 *pa wæs agongen pæt him god wolde æfter prowinga pone gegyldan*. ib. 462 *woldan py gehyrwan haligra lof, sohtun pa sæmran and pa sellan no derndan æfter dædum*. Gen. 596 *pæt is micel wundor pæt hit ece god æfre wolde peoden polian*. Beow. 3173 *æpelinga bearn ealra twelfa, woldon ceare cwidan kyning mænan*. Aelfr. dom. Einl. 35. — Verneinte Fälle. In diesen handelt es sich um ein Ausbleiben der im Infinitiv genannten Thatsache. Man kann allerdings mitunter im Zweifel sein, ob das Nichtwollen einer Handlung oder ob das wirkliche Ausbleiben derselben gemeint ist. Wenn auch nicht unbedingt, so deutet doch im Allgemeinen ein Nichtwollen auch das Ausbleiben der Handlung an, und der resultirende Gedanke wäre also derselbe. — C. P. 91,3 *Eowre witgan eow witgodan dysig ond leasunga, ond noldon eow gecydan eowre unryhtwisnesse dæt hie eow gebrohten on hreowsunge (Prophetae tui viderunt tibi falsa et stulta nec aperiebant iniquitatem tuam ut te ad poenitentiam provocarent)* ib. 127,16 *Monige deah nyllað na gedenccan dæt hi beod odrum brodrum ofergesett. (Saepe namque nonnulli velut obliti quod)* ib. 91,11; 159,17; 185,26; 269,16 *ac we deah nyllað alætan from us dæt rust dara unnyttra weorca*. ib. 267,16 *ne hie noldon awendan of hiera won wegum (Israelitico populo nec tamen ab iniquitate converso)* Ps. 118, 158 *Ic manige geseah men pa pe noldan heora fridowære fæste healdan*. Sal. u. Sat. 322 *ne wile heo awa sides geswican*.

2. Besondere Fälle:

a. Dass es sich in dem Satz mit *willan* um das wirkliche Geschehen der Thatsache handelt, wird besonders klar, wenn eine andere Thatsache, deren Geschehen genannt wird, nur in

Folge des Statthabens der im Infinitiv mit *willan* genannten Handlung möglich ist.

willan steht in einem Conditionalsatz:

α. in einem conjunctionalen: C. P. 411,15 *dæt we magon swutolor ongietan gif we willad ongietan done dom ures agnes modes (Quod citius ex ipso usu colligimus, si nostrae mentis judicia pensemus)* Guthl. 5. *we pæs ryht magun æt æghwylcum, anra gehyran, gif we halig bobodu healdan willad.* ib. 5; 95; 251; 565. Gen. 663 *Gif þu him heodæg wuht hearmes gespræce he forgifd hit deah, gif wit him geongordom læstan willad.* ib. 787; 2521. Sat. 251. Beow. 346. — Verneinte Fälle. C. P. 281,3 *gif hwa teoch[h]ad dæt he afæst sie and nyle gemidlian his tungan, dæt mod lihd him selfum (non refrenans linguam)* ib. 305,14.

β. in einem bedingenden Relativsatz: C. P. 17,4 *on odre wisan* (sc. *sint to monianne) da de willad to fela idles ond unnyttes gesprecan (verbosi)* (Charakter). ib. 335,7 *on odre da de hira agen willad sellan (aliter qui et ea quae habent tribuunt)* Bed. 35 o. *ponne ylcan sige God behet callum pam de hine lufian wyllap (quam repromisit Deus diligentibus se)* Sat. 304 *fordon se bid eadig se pe æfre wile mar oferhycgan.* Sal. u. Sat. 84 *And se pe wile geornlice ponc godes ewede singan sodlice and hine symle wile lufian butan leahtrum, he mæg . .* ib. 54. Cr. 49. Beow. 1049. *swa hy næfre man lyhd se-pe secgan wile sod æfter rihte* (hier kann man fast umschreiben: *dessen Eigenschaft es ist, bei dem es immer statt hat, dass . . .*; doch ist hier noch nicht an eine Übersetzung mit *pflegen* (s. 73) zu denken. Beow. 2864. Gen. 1531, 1959. — Verneinte Fälle. C. P. 9,18 *de swa nyllad libban swa hie on bocum leornedon· (qui vivendo non perficiunt)* ib. 403,17 *de næfre hire synne geswican nyle (nunquam a peccato desistente)* ib. 357,7; 445,4 *Ongean dæt sint to manienne da de næbre nyllad fulfremman dæt god dæt hi onginnad.* Bed. 244 o.; 220 m. *Se man de nele gelyfan on God ne nænne Gode ege næfp, he bip wyrsa donne deofol . . . (qui in Deum non credit)* ib. 219 m. *þa men de he ongeat þæt hi on Cristes geleafan gelærede wæron ond da weore dæs geleafan habban ne woldon.* C. P. 447,7.

b. *willan* steht in einem Consecutivsatz. Auch hier kann nur von einer thatsächlichen Folge die Rede sein. Bed. 357 *wæs se wer . . . swypost on weorcum ælmes dæda weorp ond mære swa þætte he æghwylce geare . . . na læs þæt on feower fottra nytena ac swylce eallra wæstma donne tedan syllan wolde (ut daret).* C. P. 269,10 *swa byd gedrysced mid dære hefignesse his synna dæt he furdum on dæm broce nyle alætan his geornfulnesse ond das cordlican wilnunga (ut etiam non levetur).*

3. Unter den vorhergehenden Beispielen berühren sich schon manche, mehr oder weniger, mit solchen, in denen *willan* hauptsächlich gebraucht scheint, um ein Geschehen der Handlung seitens des Subjectes noch mehr hervorzuheben. Zuweilen, wie in bedingenden Sätzen, ist das Geschehen der Handlung überhaupt besonders zu betonen, zuweilen ist auch die Thatsache an und für sich besonderer Art, und *willan* zeigt dann gleichsam an, dass das Subject (seiner Beschaffenheit, seinen Verhältnissen nach) zu der Handlung im Stande ist, oder auch nur, dass es sie in der That begeht. *willan* nähert sich hier also, wie *sculan* in bestimmten Fällen (siehe s. 24), in seiner Function derjenigen eines Verbums des Geschehens; die innige Beziehung der Handlung zum Subject blickt aber noch überall durch. C. P. 359,14 *fordæmde ælc dara de hine mid unryhte ascadan wille from dære gedwernesse, he wile forlætan dære lufan grennisse (qui per discordiam separantur, arefiunt)* C. P. 359,13 *dætte da sindon butan tweon deofles bearn de hie toweorpan willad (procul dubio satanae sunt filii qui confundunt)* Sat. 370 *pa he on wuldre wrohte onstalde, pæt he oferhyda habban wolde . . .* (der *pæt*-Satz ist nur erklärender Beisatz: *Er begann Unrecht anzustiften, denn er hatte Hochmutsgedanken.* Guthl. 478 *sodfæstra no mod aud mon peaw mæran willad, gefeod in firenum (das geschieht nicht, dass ihr lobt).* Dan 670. *swa him ofer cordan and saca ne wæs gumena ænig, od pæt him god wolde þurh hryre hreddan hea rice (bis Gott ihm das hohe Reich nahm).* Rät. XXXVI, 11 *Wile mon mec hwædre se peah wide ofer cordan hatan for hæledum hyhtlic gewæde (Gleichwohl heisst man mich ein freundlich Gewand . . .)* Oros. 194,15 *Ac pa consulas noldon hie selfe swa earge gepencan swa hie pa wifmen ær forcwædon.*

4. Diejenigen Fälle, in welchen die durch *willan* bezeichnete Neigung u. s. w. nicht aus geistigen Zuständen einer Person hervorgeht, sondern aus anderen Verhältnissen entspringt. Subject sind körperliche Gegenstände und abstracte Begriffe. Man mag hier in einzelnen Fällen eine Personification des Subjectes, besonders da, wo eine gehegte Erwartung von demselben nicht erfüllt wird, annehmen, doch ist es wohl eben so richtig, anzunehmen, dass *willan* sich auf die Bedeutung eines geistigen Bestrebens u. s. w. nicht beschränkte, sondern dass es auch jedes andere Streben, jede andere Tendenz und Disposition zu bezeichnen vermochte. Das Streben oder Nichtstreben deckt sich hier mit dem Geschehen oder Nichtgeschehen der Handlung. — Zaubers. I, 1. *Her is seo bot hu du meaht pine æceras betan gif hi nellap wel weaxan, oppe* — Metr. VII, 22 *ne bid sond pon ma wid micelne ren manna ængum huses hirde, ac hit hreosan wile, sigan sond æfter rene.* ib. XII, 1. *Se pe wille wyrcan wæstmbære lond atio of pæm æcere ærest sona fearn and pornas and fyrsas swa same wiod pa pe willad wel-hvær derian clænum hwæte.* ib. XXIX, 12 *Ne huru se steorra gestigan wile westdæl wolcna.* Beow. 803. *pone synscadan ænig ofer eorpan irenna cyst, gud-billa nan gretan nolde;* ib. 988 u. 990. *æghwylc gecwæd, pæt him heardra nan hrinan wolde iren ær-god, pæt dæs ahlæcan blodge beadu-folme onberan wolde.* Or. 230,26 *forpon pe elpendes hyd wile drincan wætan . . .* C. P. 451,2 *Ac hwæt wile dæt nu beon weorca dæt us on oderre stowe forbiet dæt we hit beforan mannum don* (Hier wird nach den Eigenschaften eines Dinges gefragt). Ps. 58,1 *alys me fram ladum pe me hungre on risan willad (insurgentibus me)* Or. 230,26 *for pon pe elpendes hyd wile drincan wætan, gelice ond spynge ded (cujus ea natura est, ut imbrem tanquam spongia ebibat).*

5. Im Besonderen ist hier auf den Fall aufmerksam zu machen, dass *willan* mit nachfolgendem Infinitiv das Geschehen einer aus Neigung (Disposition) hervorgehenden Handlung bezeichnet, die zugleich eine Gewohnheit ist. Ein Zusammenhang zwischen Neigung und Gewohnheit kann darin bestehen, dass man eine Handlung, zu der man neigt, oft oder stets begeht, oder dass umgekehrt dasjenige, was man stets thut, ohne

Zwang und fremden Antrieb, also einer Neigung entspringend anzusehen ist. — Im Deutschen übersetzt man das *will* des Neuenglischen in solchen Fällen mit *pflegen*. Das nhd. *phlegen*, „mit Eifer betreiben" hat sich in seiner Bedeutung im Nhd. dahin entwickelt, dass es auch besonders das Moment der **Wiederholung** durchblicken lässt. Dies letztere wird im Angelsächsischen in der Anschauung des Lesenden noch mehr durch den Zusammenhang, oft durch die Wiederholung andeutende Adverbien oder auch geradezu durch einen Ausdruck, welcher die Gewohnheit bezeichnet, hervorgerufen. — In einer Gewohnheit handelt es sich auch zuweilen um das Fortbestehen und stete Betreiben einer Handlung; auch hier steht *willan*. — Wenn nun auch die Handlung des Subjectes eine Gewohnheit ist, so tritt doch dies Moment, auch trotz darauf hinweisender Bestimmungen, zuweilen nicht so sehr hervor, als *willan* blos die Andeutung einer **Neigung** und des Geschehens der Handlung giebt, welche Momente dann gerade besonders betont werden. C. P. 155,12 *de æfre willad licgean dæm eordlicum gewilnungum (quae a terrenis desideriis nunquam levantur)* Bed. 196 *ac dis gedwyld asprang of dam mannum de on heora flæsclicum lustum symle licgan woldon.* Sal. u. Sat. 345 *Unlæde bid and ormod se pe a wile geomrian on gihda.* Ps. 118,2 *Eadige beod swylce pa pe a wyllad his gewitness wise smeagan.* Räts. XL, 5 *Heo wile gesecan sundor æglawylcne feoh berendra, gewited eft faran on weg.* Bed. 305 u. *donne wolde heo eallra nyst hi bapian ond pwean.* Metr. XIX, 18 *pu gehycgan meaht, pæt ge willad on wuda secan oftor micle ponne ut on sæ.* — Bed. 430 m. *ond he ma gewunode on his smippan dæges ond nyhtes sittan ond licgean, donne he wolde on cyricean singan ond gebiddan (magisque in officina sua die noctuque residere quam ad psallendum atque orandum in Ecclesia concurrere consueverat).* Bo. 80 u. *pæt leodhatan gewuna wæs pæt he wolde ælcne cuman swipe arlice underfon and swipe swæslice wip gebæran, ponne he him ærest to com.* ib. 304 u. *forpam hit wæs simble get pine gewuna pæt du woldest ælcum Mode diglu dingtæcan ond seldcupe.* Or. 112,19 *for pon heora gewuna wæs pæt hie woldon of ælcerre byrig him self anwald habban.* ib. 132,32 *Sippan æfter pæm he wolde habban maran wicstowa ponne his gewuna ær wære.* — Verneinte Fälle. Bed. 305 u.

Seegap men be hyre syppan heo mynster gesohte þæt heo næfre linenum hræglum brucan wolde ac wyllenum, ond seldon on hatum baþum he baþian wolde. ib. 158 o. *swa gyt to dæg Brytta þeaw is þæt hi Angel cynnes geleafan ond æfestnisse for nawiht habbad ne him an ænigum gemænsumian willad don ma de hæþenum mannum (moris sit — pro nihilo habere)* ib. 170 m. *He færde geond calle mynster stope ge þurh þole stope, ne he on horses hrycge cuman wolde, nemne hwyle nyd mare a lædde . . . (solebat)* ib. 171 o. *ac he mid heardre drea hi ouspræc ond hi gebette ond nænigum ricum men æfre ænig feoh syllan wolde. Nullam potentibus seculi pecuniam excepta solummodo esca unquam dare solebat.* ib. 171 o. *ne for ege ne for are næfre forswigian wolde.*

Anmerkung: Zum Schluss mag es mir gestattet sein, ein ne. Beispiel anzuführen, in welchem ich mehr die s. 71, 3 veranschaulichte Function von *willan* erblicke, während Zupitza (Anglia VII Anz. s. 150 und 51) das dort verwandte *would* für einen Conditional erklärte.[*]) In einer besonderen Anmerkung zu diesem Beispiel heisst es (s. 151): „Die möglichkeit, *would* im sinne von ‚pflegte' zu nehmen, ist durch den zusammenhang ausgeschlossen: es handelt sich um einen einzelnen, bestimmten abend." Gerade der hier geäusserte Gedanke bestärkt mich aber in der Annahme, dass, wenn *would* auch nicht die Gewohnheit bezeichnet, es doch in einer Function gebraucht ist, die mit der Bezeichnung der Gewohnheit eine gleiche Herleitung hat, nämlich in der s. 71 angedeuteten. — *A footman would come in and light the lamps and draw the velvet curtains, presently, and shut out the later glories of sunset. And then the butler himself would come and arrange the little dinner table by her ladyship's couch, and would himself preside over the invalid's simple dinner, which would be served exquisitely, with all that is daintiest and most costly in Salviati glass and antique silver.* (M. E. Braddons Phantom Fortune, Stereotyped Edition, 1884, s. 192.) — Es wird hier ein besonderer, eigenartiger Vorgang im Laufe der Erzählung gegeben.

---

[*]) Z. führt hier eine Reihe von Stellen mit *would* an, um dagegen zu verwahren, dass der sogenannte Conditional als ein futurisches Präteritum bezeichnet werde.

III. willan im hypothetischen Präteritum.

a. Wie *sculan* findet sich auch *willan* im hypothetischen Präteritum. Bezeichnet nun *willan* mit nachfolgendem Infinitiv die durch ein Wollen u. s. w. herbeigeführte Handlung, und tritt das Moment des Wollens nicht mehr besonders stark hervor, so macht sich vor allem das hypothetische Moment der Handlung geltend, und mit Übersehung der Wortbedeutung gelangt *willan* im hypothetischen Präteritum dazu, dieses schlechthin zu umschreiben. Es hat auch hier zuweilen den Anschein, dass *willan* gebraucht ist, um dem angenommenen oder aus der Annahme gefolgerten Geschehen einer Handlung schärferen Ausdruck zu geben, als es die Form des Begriffsverbs vermochte. — *Willan* steht im Haupt-, wie im bedingenden Nebensatze. C. P. 306,2 (ein Beispiel, welches die Wortbedeutung noch deutlich hervortreten lässt) *Ac dæm unbealdum is to kydanne, gif hie be ænegum dæle wolden gedencean hwæt hie selfe wæren, donne ne leten hie no hic eallinga on ælce healfe gebigean (nisi meliores se ceteris aestimarent).* ib. 113,25 *Ac dæt mennisce mod bid oft upahafen . . ., ac hu miele ma wenstu dæt hit wolde, gif da wlenca ond se anwald dær wære to gemenged.* ib. 45,24 *swa hie manegra undeawa gestiran meahton mid hiera larum ond bisenum, gif hi ongemong monnum beon wolden* (auch hier Hervortreten der Wortbedeutung) (*venientes ad publicum*) ib. 31,14 *Ac hie woldon selfe fleon da byrdenne swa micelre scylde, da de his unwierde wæron, gif hie mid hiora heortan earum woldon gehieran ond geornlice gedencean donc Cristes ewide.* Bed. 216 m. *Gif se man wolde huru donne he seoc bip, to Gode gecyrran ond his synna geandettan, se sopfæsta dema him wolde mildsian (verax ille judex illius misceret).* ib. 196 m. *Menig man wolde pone maran dæl his lifes aswendan on his lustum ond done læssan dæl on dæd-bote, gif he wiste, hwænne he geendian scolde (Multi majorem vitae suae partem libidinibus suis velint insumere minorem vero poenitentiae, si nossent quando essent moriendum).* ib. 317 o.; ib. 141 u. *gif ure godas ænige mihte hæfdon, ponne woldon hi me ma fultumian.* ib. 229 u.; Or. 218,5 *Butan tweo, gif hie pa blotan mehten, hie woldon seegean pæt him hiera godas hlaford ofer opre mys ond sette him domus ond nidde hic æfter gefole, hu wunderlic wolde eow pæt pincan, hwelce eehhetunge ge woldon pæs habban and mid hwelcum hleahtre ge woldon beon astyred (Nunc si videres.., quanto movereris)* ib. 660 *ond swelce hi woldan beon peah pu hi næfre nahtest (placuissent)* ib. 82 m. *gif se weorp-scipe ond se anweald agnes douces god wære and his selfes anweald hæfde hwæder he wolde pam foreupestum monnum folgian swa he nu hwilum ded? (si inesset-nunquam provenirent)* ib. 104 o. Gushl. 425. Metr. XXII, 36 *pæt hit swa beorht ne mot blican, swa hit wolde, gif hit geweald ahte.*

IV. Umschreibungen durch willan.[*]

A. Umschreibung eines Modus.

1. des Imperativs.

Durch seine Wortbedeutung kann *willan* nicht zur Umschreibung eines Imperativs gelangen. Es musste selbst im Imperativ stehen, oder doch in einer Form, die den Befehl, die Forderung zum Ausdruck bringt. Der Wille oder die Bereitwilligkeit zu einer Handlung musste verlangt werden und damit die Handlung selbst.

a. In der Bejahung findet man *willan* nur in diesem Gebrauch im Conj. d. Wunsches, der eine wünschende Aufforderung bezeichnet, Gen. 2674 (2. Ps. Sg.). *Mago Ebrea! pæs pu me wylle wordum secgean: hu geworhte ic pæt, siddan pu usic under, Abraham pine on pas edelturf æhta læddest.*

In der Verneinung findet es sich in folgenden wenigen Fällen in einem adhortativen Conjunctiv. Bed. 356 o. *Ne wylle pu wepan (et noli plorare).* Ps. 74,4 *Nelle ge unriht ænig fremman and agyltan pæt hi ne gylpan pæs.* Bed. 427 u. *Ne wille du la swa sprecan (Noli inquit, ita loqui).*

[*] Den eben erwähnten Gebrauch von willan im hypothetischen Präteritum dürfte man in besonderen Fällen auch wohl am ersten als Umschreibung des hypothet. Prät. (Ind. wie Conj.) bezeichnen (vgl. Mtz. Gr. II³ s. 97).

b) Im Imperativ selbst findet sich das verneinte *willan* dem *noli* und *nolite* gegenüber häufig im Vs. Ps. 36,1 *nyl du elnian betwih awergde*. (*Noli acmulari inter malignantes*); hier mit nachdrucksvollem Hinzutreten des Personalpronomens (vgl. Koch Gr. II § 51). Ohne Personalpr. ib. 102,2 *ond nyl ofergeotelian* (*noli oblivisci*) ib. 118,31. — Im Plural ib. 4,5 *nyllad syngian* (*nolite peccare*) ib. 74,4 *Nyllad unrehtlice don* (*Nolite inique agere*) ib. 61,11; 104,15; 118,31; 145,2; einmal auch Ex. 266. *Ne willad eow ondrædan*.

In der C. P. Aelfred's erscheint einem lat. *noli, nolite* gegenüber nie *willan*. Ausser der Umschreibung durch *sculan* (siehe s. 34 aa), welche wohl mehr dem Moment der Pflicht gerecht wird, ist von dem Begriffsverbum selbst der Conjunctiv (vgl. Koch Gr. II § 51) oder der Imperativ verwandt. C. P. 461,4 *ne singiad* (*nolite peccare*) ib. 33,10; 255,2; 295,15; 304,14; 353,21; 399,34.

2. Umschreibung des Conjunctivs durch willan.

willan wird, wie *sculan*, den Conjunctiv ersetzen können, wenn dieser die Abhängigkeit einer Handlung von einer Absicht schlechthin zu bezeichnen hat.

a. Im Hauptsatz findet sich kein Fall, wo *willan* im Indicativ für einen sonst erforderlichen Conjunctiv stände.

b. In Nebensätzen finalen Inhalts (Wunsch s. 57 u. s. 58, Absicht ss. 62 fgg., Streben s. 65) kommen nur Formen vor, die über den Modus, in welchem *willan* steht, nicht bestimmt und sicher entscheiden können. Wenn sich *woldon* findet, so ist auch höchstens ein Conjunctiv der blossen Absicht, nicht ein solcher der Irrealität oder Ungewissheit erforderlich. Unbedingt absprechen wird man *willan* die Vertretung des Conjunctivs nicht können.

Den finalen Fällen mit *sculan* gegenüber (s. 18 u. 19), in welchen man *sculan* zuweilen auch eine andere Bedeutung, als die der blossen Absicht beimessen konnte, hat *willan* an gleicher Stelle nur die Bedeutung einer Absicht. Die bei *sculan* ausgesprochene Annahme (s. 38, γ), dass das Hilfsverb den bereits im Hauptsatz geäusserten Wunsch u. s. w. mit einigem Nachdruck bezeichne, mag auch hier Wahrscheinlichkeit finden.

c. Wo sich sonst die Form *woldon* im abhängigen Beisatz nach Ausdrücken der Aussage und ähnlichen findet, und wo überhaupt sonst der Indicativ von *willan* steht, darf dieser auch beim Begriffsverbum statt haben. Auch hierdurch wird die Ansicht Mätzners unterstützt, dass *would*, wenn es den Conjunctiv umschreibt, auch in ursprünglich conjunctivischer Form gestanden habe. Für die Sätze finalen Sinnes möchte ich diese Annahme allerdings nicht unbedingt gelten lassen. — Fälle dieser letztgenannten Art sind nun diejenigen, wo sich, mit der Zeit wenigstens, in *wolde*, *wolden* eine Umschreibung des Conjunctivs des Futurs herausgebildet hat. Or. 232,5 *ær him mon sæde pæt hie* (sc. *pa ilcan peoda*) *wolden faran on Italiam, Romana lond.* Gen. 250. Andere Beispiele siehe Abschnitt B 6 α. — In Betreff der Umschreibung des Conjunctivs im hypothetischen Satz verweise ich auf die Beispiele in III (s. 75 u. 76).

Anmerkung: Was den Modus des Conditionalsatzes anbelangt, so gilt für das Ags. die Beobachtung, dass in Sätzen mit *gif* äusserst häufig bei einer nur angenommenen Bedingung der Indicativ steht (vgl. Hennicke a. a. O. s. 37 und die zahlreichen Belege bei Hotz a. a. O. s. 47). Es kann daher durchaus nicht auffallen, wenn in den s. 70 angeführten Conditionalsätzen, wo Bedingungen dieser Art statt haben, in solchen Fällen *willan* im Indicativ steht. Man darf hier an keine Umschreibung des Conjunctivs durch *willan* denken, wie sie von von Monsterberg (a. a. O. s. 23) für mittelhochdeutsche Fälle gleicher Art angenommen wird. von M. scheint jene Function des Hilfsverbums nicht beachtet zu haben, welche in II (s. 68 fgg.) erklärt ist, und in welcher Sweet den Gebrauch desselben als „otiose" bezeichnet. In Betreff der Stelle C. P. 145,1 verwahrt dieser auch davor, in *willan* eine Umschreibung zu erblicken. — Durch seine nicht ganz eingehende Betrachtung kam von M. wohl dazu, in *willan* diese Function conjunctivischer Umschreibung zu ersehen, und daher mag er auch die mir trotz vielen Bemühens nicht verständliche Theorie aufgestellt haben, „der abstracte Rest der Wortbedeutung des Verbums äussere sich noch darin, dass er die Handlung nicht einfach als wirklich sondern als Vorstellung bezeichne, wodurch einerseits dieselbe temporal als futurisch, andererseits modal als Conjunctiv in seinen mannigfachen Anwendungen bestimmt werde." — Wenn man dieser Äusserung wieder Brinkmann's Ansichten über die Umschreibung des Conjunctivs durch *shall* und *will* gegenüberhält (a. a. O. s. 632), so darf man wohl zu dem Schluss gelangen, dass nur durch eine nicht vollständig eindringende Betrachtung so verschiedene Theorien entstehen können. Brinkmann schreibt *will* im Indicativ', also überhaupt dem Wortbegriff von *will*, keine conjunctivische Fähigkeit zu, dagegen *shall* durchaus. In Folge dessen sieht er sich aber auch genötigt, den vielen Widersprüchen gegenüber, welche die Sprache gegen seine Aufstellung ihm zu zeigen scheint, die Schlussbemerkung zu machen „dass es in den meisten Fällen der Anschauungsweise und dem Belieben des Sprechenden überlassen bleibt, ob er den Conjunctiv oder Indicativ setzen will" (Br. a. a. O. s. 632). Im Übrigen sind die Fälle, in denen Br. *shall* im Indicativ als conjunctivische Umschreibung ansieht, auch nicht näher erklärt. Das Resultat, zu dem mich die Untersuchung der angelsächsischen Texte leitete, ist ein von den beiden eben genannten verschiedenes. *sculan* und *willan* können als Vertreter des Conjunctivs gelten, soweit die blosse Abhängigkeit der Thätigkeit von einer Absicht zu bezeichnen ist. Wenn sonst der Conjunctiv erforderlich ist, wie in Fällen, wo es sich um die Ungewissheit und Irrealität des Geschehens selbst handelt, findet sich *willan*, wie auch *sculan* im Conjunctiv. Im Conjunctiv aber können beide dazu gelangen, bei Abschwächung und geringem Hervortreten der Bedeutung, wie wohl auch durch Mitwirkung des Bedürfnisses nach prägnanterer conjunctivischer Bezeichnung, zur blossen Umschreibung gebraucht zu werden.

B. willan umschreibt ein Tempus,
das Futurum.

Das Allgemeinere in Betreff der futurischen Bezeichnung durch *willan* ist s. 42 u. 43 erwähnt. — Ich führe die einzelnen Gruppen an, in welchen eine Zeitpartikel den futurischen Sinn zuweilen noch fördert.

1. Spricht eine Person selbst aus, dass sie eine Handlung zu thun beabsichtigt, sie unternehmen will, oder erklärt sie sich bereit eine Handlung zu verrichten, so kann man geneigt sein, die Handlung auch als für „in der Zukunft geschehend" hingestellt zu betrachten, wenn sich der Ausführung nicht irgendwie ein Hindernis entgegenzustellen scheint, oder wenn wenigstens nach dem Glauben der ausführenden Person die Handlung auch statt haben wird und sie auf die Ausführung hinblickt.*)

in directer Rede.

α. aus der Gruppe a, s. 61, kann C. P. 7,25 und auch andere Beispiele können hierher gerechnet werden; man kann

---

*) Vgl. Grimm, Gr. IV s. 181 „nur wer von sich selbst redet, ist seines Entschlusses und Willens so gewiss, dass er eine künftige Handlung zu melden vermag," eine Erklärung, die allerdings nur einen einzelnen Fall futurischer Umschreibung heraushebt.

in der Auffassung zuweilen schwanken. Andere Stellen sind:
C. P. 111,24 *Ic wille wyrcean min setl on norddæle ond wielle
bion gelic dæm hiehstan* (*Ponam sedem meam ad Aquilonem et
ero similis Altissimo*). Inl. 108 *Næfre ic pæs peodnes pafian
wille mægrædenne, nemne he mægra god geornor bigonge, ponne
he gen dyde.* Bed. 44 u. *Crist cwæd ...: se frofor gast pe
ic eow asendan wille . . ., he cyd gecydnesse be me* (*Spiritus
sanctus quem ad vos mittam . . . de me testimonium perhibet*).
C. P. 249,4 *donne hie to me clipiad, donne nylle ic hie gehieran*
(*Tunc invocabunt me, et non exaudiam*).

β. In den Stellen, wo ein Autor mit *ic wille, we willad*
seine Absicht auf die Behandlung des Stoffes kund giebt und
wo das Lateinische oft das Begriffsverb im Futurum oder auch
curabo, conabor mit beistehendem Infinitiv verwandt hat, ist
das futurische Moment nicht zu verkennen. Die Zeitpartikel *nu*
wird hier darauf hindeuten, wie oftmals das lat. *nunc*, dass die
Absicht wirklich alsbald in die Ausführung übergeht. Die Beispiele sind s. 61, b angeführt.

2. In einer Verheissung oder einer Drohung tritt das in
willan ruhende futurische Moment in eben dem Masse hervor,
wie in *sculan*. Es ist merkwürdig, dass Glossare *sculan* in
dieser Function als zur futurischen Umschreibung gebraucht hinstellen, während *willan* hier ausser Acht gelassen wird (vgl.
die Beispiele s. 64 u. 67 γ). Hierher, vielleicht auch mehr
zu α, s. 79 zu rechnen ist Bed. 317 m. *ond hwæpere ic pe ne wille
ofslean dylæs ic min gehat oppe mine treowe forleose* (*nec te
tamen occidam ne fidem mei promissi* prae varicem*).

3. Unter den Fällen, in denen eine Person ihr inniges Bestreben kund giebt, mag der folgende, und mögen auch andere
hierher zu rechnen sein. Guthl. 317 *Ic pone deman in dagum
minum wille weordian wordum and dædum, lufian in life* (vgl.
s. 65).

4. *willan* steht in indirecter Rede. Das Futurum kommt
hier in gleicher Weise zur Geltung wie in den entsprechenden
Gruppen in 1 (s. 79, nach α). Or. 136,14. Or. 194,11.
Andr. 1657. Bed. 138 u. Ps. 110,4, Fälle die s. 62 angeführt
sind. Andere sind: Bed. 50 o. *da cwæp se gedwola to his
geferum pæt he wolde gan embe his neode forp* (*sociis suis dixit*

se abiturum) ib. 54 m. *cyddan þæt hi næfre ma hi secan woldan* (*se valedicunt sociis tanquam ultra non reversuri*) ib. 50 m.*)

5. Auch sonst äussert sich, wie in *sculan*, in einem *willan* der Absicht das futurische Moment, wenn der Anschein gegeben ist, dass die beabsichtigende Person im Stande sein wird, die gewollte Handlung auszuführen. In den hierher gehörigen Beispielen tritt zuweilen auch der Sinn einer Verkündigung hervor, es zeigt sich *willan* hier in einem ähnlichen Gebrauche wie das *sculan* der Prophezeiung. Cr. 319 *Ic þe mæg secgan þæt sod geweard, þæt þæs gyldnan gatu giet sume side god sylf wile gæstes mægne gefælsian.* Gen. 292 o. *þe wile gasta weard lissum gyldan, þæt þe wæs leofra his sibb and hyldo þonne þin sylfes bearn.* Ex. 522 *Gif onlucan wile lifes wealhstod beorht in breostum banhuses weard ginfæst god gastes cægum, run bid gerecenod.* Das Beispiel passt auch unter α s. 70; hier handelt es sich auch überhaupt schon um eine für die Zukunft unbedingt feststehende Thatsache.) Sat. 289 *þær is se ælmihtiga god and us befædman wile freo bearn godes, gif he þæt on cordan . .* ib. 609 *wile þonne gesecearian wlitige and unclæne on twa healfe, tile and yfle.* Cr. 942. *Wile ælmihtig mid his engla gedryht mægen-cyninga meotod on gemot cuman.* Cr. 1100 *þæs he eftlean wile þurh corneste calles gemoniau* Phön. 492 *wile fæder engla sigora sodcyning seonod gehegan, duguda drihten.* Run. 61.

6. Im Übrigen äussert sich das futurische Moment in *willan* überhaupt dann, wenn der Zusammenhang oder der Sinn des Satzes den Gedanken des Lesers sich auf die zukünftig zu geschehende Handlung richten lässt. In den hier noch zu nennenden Fällen bezeichnet *willan* nicht nur eine Absicht oder Bereitwilligkeit, sondern es tritt auch in der Bedeutung des Geneigt-, Disponiert- und Angethanseins auf, je weniger aber die Wortbedeutung hervortritt, desto mehr macht sich das futurische Moment in dem Ausdruck *willan* geltend. Häufig lässt auch eine Zeitpartikel den futurischen Sinn des Satzes wirksam hervortreten.

α. Die zukünftig zu geschehende Handlung wird überhaupt mit einer gewissen Bestimmtheit hingestellt und behauptet.

---
*) Siehe auch die Verheissungen und Drohungen in indirecter Rede s. 64 bb.

Metr. XXIV, 48 *ponne wilt pu secgan and sona cwedan: Pis is eallunga min agen cyd, eard and edel.* ib. 21,40 *ponne wile he secgan, pæt...* C. P. 285,6 *For cicle nele se slawa erian on wintra, ac he wile biddan on sumera and him mon nele sellan (Propter frigus piger arare noluit, mendicabit ergo aestate, et non dabitur ei).* ib. 111,24, wo das zweite *wielle* wohl keine Absicht bezeichnet, wie das erste: *Ic wille wyrcean min setl on norddæle ond wielle bion gelic dæm hiehstan (Ponam sedem meam ad Aquilonem et ero similis altissimo.* So auch wohl C. P. 447,1 *Ac fordonde he is wlaco, ond is nawder ne hat, ne ceald, deah ic hine supe ic hine wille eft uta swipan of minum mude:* (Sweet: *I shall vomit him out of my mouth).*
— Nach Verben des Sagens u. a.: C. P. 247,18 *Fordon wæs gesprecen durh done wisan Salomon bi dæm Wisdome dæt se Wisdom wille sona fleon done de hine fliehd;* ib. 329,1 *done cwide de gesæd is on dæm godspelle, dæt Dryhten cwedan wille, donne he cymd to dæm dome.* — Futur der Vergangenheit: Byrhtn. 20 *Swa him Offa on dæg ær asæde on pam mepelstede pa he gemot hæfde, pæt pær modelice manega spræcon, pe eft æt pære polian noldon.* (Körner, Angels. Übungsbuch übersetzt auch *würden*). C. P. 387,26. *Ond cwæd dæt hie wolden weordan forlorene ond oferwunnene mid orsognesse, swa swa Idumeas wæron.* ib. 257,25 *Bi dæm is eac awriten on Salomonnes cwidbocum dæt sio wund wolde halian æfterdæmpe hio wyrmsde* (auch nach β zu nehmen). — Finssb. 9 *nu arisad weadæda de din folces nid fremman willad.*

β. *willan* findet sich hier auch im Besondern nach Ausdrücken des Wissens, Kennens u. s. w. Futur der Gegenwart: Bo. 314 *Ac ic wat deah pæt pu wilt siofian pæt hit swa langne fyrst habbap leaf yfel to donne.* Beow. 1832. *Ic on Higelace wat, Geata dryhtne, peah-de he geong sy, folces hyrde, pæt he mec fremman wile, w[e]ordum ond worcum pæt ic pe wel herige...* ib. 1181 *Ic minne can glædne Hropulf, pæt he pa geogode wile arum healdan, gyf pu ær ponne he...* Futur der Vergangenheit: Or. 288,15 *for pon he wiste pæt he hit on him wrecan wolde.* Wand. 72. Aelfr. dom. Einl. 49 § 9.

γ. Der Glaube an das zukünftige Geschehen der Handlung äussert sich. *willan* findet sich nach Verben von der Bedeutung glauben, hoffen, dünken. — Futur der Gegenwart: Bo. 144 u.

ic wene peah pæt þu wille m cwepan pæt pa welgan habban mid hwam hi mægen pæt eall gebetan (*Sed adest, inquies, opulentes, quo famen satient*) ib. 52 o. Bed. 381 u. *donne wene we pæt hit wile dincan dam ungelæredum to menigfeald* (*tum putamus id indoctis multiplex visurum*). Beow. 442 *Wen ic, pæt he wille, gif he wealdan mot, in pæm gud-sele Geotena leode aetan anforhte.* Hollf. 31. *Wene ic ful swide and witodlice* [*pætte us*] *to dæge dryhton wille* [*sylfa*] *gesecan sigebearn godes!* Guthl. 612 *And ic pæt gelyfe in liffruman eene onwealdan ealra gesceafta, pæt he mee for miltsum and for mægenspedum, nidda nergend, næfre wille, purh ellenwecore forlætan.* Sat. 116. *Ne purfon we pæs wenan pæt us wuldorcyning æfre wille eard alefan edel to æhtes.* C. P. 231,20 *ond donne hie gescod dara oderra gescelda eaciende, donne dyned him dæt hi wiellen acwelan for dære medtrymnesse dæs odres gesælignesse* (*they think they will die* übersetzt Sweet, der doch andererseits in „Introduction XII" seine Abneigung dagegen äussert, auch dort, wo ihm die Wortbedeutung erloschen zu sein scheint, gerade eine Umschreibung des Futurs zu erblicken). ib. 57,22 *dæt he ne truwige dæt he on dæm folgode wille wel don, gif he nolde on dæm læssan.* Andr. 1288 *Ie gelyfe to pe, min liffruma, pæt pu mildheort me for pinum mægenspedum, nerigend fire, næfre wille ece ælmihtig anforlætan.* — Futur der Vergangenheit: Gen. 1445. *Noe tealde pæt he on neod hine gif he on dære lade land ne funde, ofer sid wæter secan wolde onweg-pele eft.* Or. 76,10.

δ. Es handelt sich um ein Erwarten, überhaupt um ein Hinblicken auf eine in der Zukunft zu geschehende Handlung. *willan* steht nach Ausdrücken des Erwartens, Fürchtens u. a. — Futur der Gegenwart: Cr. 803. *pær sceal forht monig on pam wongstede werig bidan, hwæt him æfter dædum deman wille . . . engla dryhten.* Beow. 979. *dær abidan sceal maga mane fah miclan domes hu him seir metod scrifan wille.* ib. 1314. — Futur der Vergangenheit: Andr. 146. *Hie pa gemetton modes gleawne haligne hæle under heolstorlocan bidan beadurofne, hwæs him beorht cyning engla ordfruma unnan wolde.* Or. 78,14 *ond eac ondredon pæt mon pa brycge forwyrcan wolde pe æt pæm gemære wæs.* Dan. 531 *ae he cunnode hu hie cwedan woldon.*

ε. Verschiedene andere Fälle. Der futurische Sinn macht sich auch zuweilen geltend und scheint durch *willan* Ausdruck zu finden, wenn die Handlung des Satzes mit *willan* als die Folge einer andern ihr vorhergehenden genannt wird, oder überhaupt gesagt wird, dass sie einer andern folgt. C. P. 123,15 *Swa swa sio wund wile toberan, gif hio ne bid geweriden mid wrædc, swa willad da synna weaxende toflowan, gif hie ne beod gebundne hwilum mid strælice larcowdome.* ib. 347,10; 419,26 *Be dæm is awriten dæt se hund wille etan dæt he ær aspaw ond sio sugu wille sylian on hire sole æfter dæmde hio adwægen bid.* ib. 185,10. — Gen. 1344 *od ic pære lafe lagosida eft reorde under roderum ryman wille.* — Bed. 194 u. *Me is nu fæstlice in mode, gif seo upplice arfæstnys me ænig fæc to lifianne forgifan wylle, pæt ic wille mine leahterfulle deawas geseegean (si mihi pietas superna aliqua vivendi more donaverit)*, ein Fall, der den in II s. 68 fgg. angeführten gleicht.

Anmerkung: *willan* fand sich hier mit futurischem Sinn auch in der ersten Person. Dies ist noch mehrfach bei Shakespeare der Fall. Abbott giebt dafür in seiner Shakesp. Grammar § 319 Belege, doch sehr umständliche und wenig deutliche Erklärungen. Da er sich mit der Bedeutung des Geneigtseins u. s. w. nicht befreundet hat, so deutet er stets aus dem Begriff des eigentlichen Wollens. Doch wird die erweiterte Bedeutung der Neigung (Disponiert- und Angethansein nach Lage und Umständen) hier die Erklärung leichter machen. Haml. V, 2 *I will win for him, if I can, if not, I will gain nothing but my shame and the odd hints* — Henr. IV, 5 *There is no hope that ever I will stay, If the first hour I shrink and run away.* Oth. V, 2 *Perchance, Jago, I will never go home* — und andere Fälle. Bei Chaucer und im früheren Me. sind solche Stellen nicht selten. Prol. Tale of Bathe *Lemman, love me wel at ones Or I wol dye as wisty God me save.* Auch im Ne. findet sich, doch nur in spärlichen Fällen, *will*, wo nach der allgemeinen Regel zur futurischen Bezeichnung *shall* anzuwenden wäre, und findet die gleiche Erklärung. Coleridge, Schiller, Wall. Picc. V, 1 *O my son! I trust thy heart undoubtingly. But am I Equally sure of thy collectedness? Wilt thou be able (Wirst du's vermögen) with calm countenance To enter this man's presence)* *when that I Have trusted to thee his whole fate?* Irving Alh. 20 *I think we will have a little blood.* — In der 1. Ps. fasste sonst im Allgemeinen, wie oben angedeutet wurde (siehe s. 45 u. 46), das für die futurische Bezeichnung so prägnante, in seiner ursprünglichen Bedeutung abgeschwächte *shall* festen Platz. In der 2. Ps. bejahender Form, wie in der 3. hatte es nie die besprochene Function. Hier breitete sich *will*, sicherlich unter Mitwirkung der Bedeutung des Disponiertseins u. s. w., welcher ein weiter Spielraum offen stand, immer mehr aus, und es war so zu dem bestimmten Gebrauch, der später wenigstens im Allgemeinen und vielleicht auch unter bewussten Gesichtspunkten Platz griff,*) in der 2. u. 3. Ps. auch schon wohl vorbereitet; die Lectüre me. Texte wird dieses erhärten.

Nachdem nun hier und s. 42—50 die futurische Umschreibung durch *sculan* und *willan* charakterisiert ist, mag auch eine Bemerkung über die Umschreibung des Futurs im Altnordischen durch *skula* und *vilja* erwähnt werden, welche dahin geht, dass *skula*, wo es futurischen Sinn zeigt, in seiner Bedeutung derjenigen einer Notwendigkeit nahe kommt, und dass *vilja* das Futur streift. (Nordiske Oldskrifter XXXI, förste Hefte, s. 295.) Wenn Koch geneigt war, *sculan*, aber nicht *willan* eine futurische Umschreibung zuzusprechen, so hat dies wohl seinen Grund darin, dass die eigentliche Wortbedeutung von *sculan* in ihrer Abschwächung und vielverzweigten Wandlung nicht genügend erkannt wurde, was bei *willan* leichter der Fall war, wo sich sogar, wenn auch mit einigem Zwange, in Fällen des Disponiertseins die Absicht deuten lässt (s. Abbot. Sh. Gr. § 319); ferner war bei der vielfältigen Bedeutung von *sculan* auch wohl häufiger Gelegenheit, dasselbe zu verwenden, wenn ein futurischer Sinn vorlag, als sich eine solche für *willan* bot.

7. Bedeutet *willan* die Absicht zu einer Handlung, welche allem Anscheine nach bald in Angriff genommen wird, so gegelangt es mit nachfolgendem Infinitiv zur Bezeichnung des periphrastischen Futurs; ist bereits ein Darangehen und Sichanschicken zu ersehen, so tritt die speciellere Bedeutung von *in Begriff sein* ein. Auch hier hat meistens eine temporale

---
*) Vgl. Koch Gr. § 46.

Bestimmung statt. Bed. 389 o. *ond da he utgan wolde da cwæp he pæt gewunalice word dara frefrendra (et egrediens dixit solito consolantium sermone)* ib. 283 m. *da da he wolde feallan to his fotum, he cwæd (Quando ad pedes suos prosterni voluit, dixit).* Cr. 514 *wile up leonan eard gestigan ædelinga ord mid pas engla gedryht.* Gen. 2905 *wolde his sunu cwellan folmum sinum fyre sencan mæges dreore . . pa metodes pegn ufan engla sum Abraham hlude stefne cygde.* Ex. 411 *Up aræmde se eorl wolde slean eaforan sinne, umweaxenne ecgum reodan.* Man. Leas. 41. Cr. 571. Ines 64. O. E. T. Inscriptions II (s. 125) *pa he walde on galgu gestiga.*

V. Nichtsetzung des Infinitivs bei willan.

A. Ellipse des Infinitivs.

Wie *sculan* (siehe s. 52), so findet sich auch *willan* bei einer ortsadverbialen Bestimmung zuweilen ohne Infinitiv. Es handelt sich um eine Bewegung, eine Ortsveränderung, deren bestimmte Art der Zusammenhang nicht immer ersehen lässt und auf welche es auch nicht anzukommen scheint. Ob noch ein weiterer Gedanke zu Grunde liegt, als der des Strebens nach einem Orte, in einer Richtung, welchen auszudrücken *willan* mit beistehender lokaler Bestimmung vollständig genügt? Beow. 1293 *Heo wæs on ofste, wolde ut panon feore beorgan, pa heo onfunden wæs;* ib. 1371 *ær he in wille;* ib. 318 *ic to sæ wille* (vielleicht jedoch das 316 vorhergehende *feran* zu ergänzen) Gen. 760 *nu wille ic eft pam lige near.* C. P. 35,19 *da he him from wolde da gefeng he hine* Or. 160,28 *pa mid pæm pe hi hie getrymed hæfdon ond togædere woldon, pa weard corpbeofung.* ib. 194,17 *Ac pa hie togædere woldon pa com swa ungemetlic ren.* Ps. 100,1 *hwænne pu me wylle to?* (*Quando venies ad me?*) — *willan* findet sich mit einem adverbialen Ausdruck, welcher die Richtung woher? andeutet. Aelfr. dom. 11 *Nelle ic from minum hlaforde, ne from minum wife, ne from minum bearne.* Seef. 99. Zur Erklärung dieser Erscheinung darf wohl anzuführen sein, dass die Thätigkeit von *willan*, welche ein Ziel hat, auch einen Ausgangspunkt haben muss. Nicht gerade mit einer lokalen Bestimmung, die aber doch den Gedanken an eine Ortsveränderung weckt, steht *willan* Oros. 206,36 *Hie woldon Perseuse to fultume Macedonia cyninge.* — In bildlichem Sinne einer Bewegung (etwa *folgen*) findet sich *willan* mit *æfter* C. P. 407,15 *We ær noldon æfter his lare.*

B. Der Infinitiv ist zu entlehnen
1. in demselben Satzgefüge

a. aus demselben Satze, in welchem *willan* steht. C. P. 235,5 *Be dam is awriten dæt Dryhten besawe to Abele ond to his lacum ond nolde to Caine ne to his lacum;* ib. 275,10. Or. 162,16 *pæt mon pa peowas freode ond hi nolde.* O. E. T. s. 448. Abba 25.

b. aus einem gleichgeordneten Satze. Beow. 543 *No he wiht fram me flod-ypum feor fleotan mealite hrapor on holme, no ic fram him wolde;* vielleicht auch ib. 318.

c. in einem Relativsatz verallgemeinernden Sinnes aus dem vorangehenden Hauptsatz. C. P. 249,6 *donne donne he wel trum bid to wyrceanne dæt he donne wile.* ib. 385,36. Bed. 264 u. *Acsa dæt de du wylle.* Or. 268,21 *pæt ælc para moste cristendome onfon se pe wolde.* Dom. D. 3. *of mæg, se pe wile in his sefan sod gepencan.* Sal. 294 *lissep eal pæt heo wile.* Ex. 7 *gehyre se pe wile.* Beow. 1003 *fremme se pe wile,* ib. 3056, ib. 2767, ib. 1055. Bed. 355 m. *to me sprece swa hwæt swa pu wille.*

d. in einem Adverbialsatze verallgemeinernden Sinnes aus vorangehendem Hauptsatz (lokal, temporal, modal). Beow. 1394 *ga pær he wile.* Metr. XIII, 3 *begd pider he wile* Bed. 255 m. — Bed. 488 u. *ond hine sylfne ywde swa oft swa he wolde.* Metr. XXIX, 72; ib. 74; — Or. 290,14 *dod nu swa ge willen,* Ps. 93,7. Ines 8. Wihtr. Ges. 4.

e. in einem Conditionalsatz aus vorhergehendem Hauptsatz. Ps. 102,21 *pæt pu me meaht sona gecigean, gif pu sylfa wilt.* C. P. 347,21 *da synna forbugan, gif he wolde* ib. 57,21; 355,16; Bed. 1 u.; ib. 273 u.

f. wie bei *sculan* deutet im Nebensatz bereits ein „swa" auf den Sinn des Verbums im Hauptsatz zurück und es ist nur ein solches, welches eine Thätigkeit u. s. w. allgemein bezeichnet zu ersetzen. Or. 254,8 *ond forbead þæt hiene mon god hete, swa nan cyning nolde þe ær him wæs.* ib. 296,23. Metr. 20,49 *Hwæt þu halig fæder woruld gesceope . . . swa þu woldest self.* Gen. 2832.

2. Aus einem andern Satzgefüge zu entlehnen ist der Infinitiv Bo. 88 m. *Gise la gese, ic wat þæt he mihte, gif he wolde* (sc. *gestreoran*).

Vita.

Ich, Carl Lüttgens, wurde am 21. April 1862 zu Bargteheide als Sohn des Kaufmanns Lüttgens geboren. Ich besuchte seit meinem vierzehnten Jahre das Realgymnasium des Katharineums zu Lübeck. Ostern 1883 erhielt ich dort das Zeugnis der Reife und widmete mich dann dem Studium der neueren Sprachen an der Universität Kiel, an welcher ich noch jetzt immatrikulirt bin. Ich besuchte die Vorlesungen der Herren Professoren und Docenten: Erdmann, Foerster, Glogau, Krohn, Möbius, Sarrazin, Sterroz, Stimming, Vogt. Ich war ordentliches Mitglied der Seminare unter Leitung der Herren Prof. Stimming und Dr. Sarrazin.

Allen meinen Lehrern, insbesondere Herrn Prof. Stimming und Herrn Dr. Sarrazin, denen ich mannigfache Anregung und nützliche Winke für meine Arbeit verdanke, spreche ich meinen herzlichsten Dank aus.

Thesen.

In „Li Lais dou Chievrefuel" (Bartsch Chrestom.[4], 227) ist *lou me fait* (vers 4) nicht = *locum mihi facit*.

Die Heimat Walters von der Vogelweide lässt sich nicht mit Sicherheit nachweisen.

Die Behauptung Dieters (Anglia X, 227 ff.) dass in den ae. Walderefragmenten eine ältere Gestalt der Sage als in Ekkehards Waltharius vorliege, nach welcher Hagen erst nach Gunther mit Walther gekämpft habe, ist zurückzuweisen.